Woningbouw in Nederland *Housing in the Netherlands*

Arjen Oosterman

Woningbouw in Nederland
Voorbeeldige architectuur van de jaren negentig

Housing in the Netherlands
Exemplary Architecture of the Nineties

NAi Uitgevers *Publishers*

4

Inhoud *Contents*

5

6

Inleiding *Introduction*

Op geen enkel terrein van de architectuur werkt de wet van de grote getallen zo duidelijk als in de woningbouw. Lang niet alles wat gebouwd wordt is in architectonisch opzicht belangwekkend, dus ook niet in de woningbouw. Maar onveranderlijk is een aanzienlijk deel van de Nederlandse woningbouw van zo'n niveau, dat ze zich kan meten met de beste architectonische voortbrengselen op enig ander gebied. Hoe buitengewoon dat niveau is, blijkt eens te meer als bedacht wordt in welke mate de bewegingsvrijheid van de ontwerper juist in de woningbouw wordt beperkt door strikte budgetten en gedetailleerde regels en bepalingen. Desondanks weten architecten keer op keer te ontsnappen aan dergelijke beknottingen en tot uitzonderlijke resultaten te komen, en ook los van deze uitzonderingen kent de Nederlandse woningbouw een hoge middelmaat. Een groot aantal projecten bevindt zich op een peil waarvoor het woord verdienstelijk misschien nog te zuinig klinkt.

Uitzonderingen en hoge middelmaat in de Nederlandse woningbouw van de afgelopen vijf jaar (met het accent op de meest recente productie) zijn verzameld in dit boek, dat is voortgekomen uit het gevoel dat het *Jaarboek Architectuur in Nederland* in omvang te beperkt is om jaarlijks alle interessante woningbouwprojecten op te nemen. Deze publicatie, waarvoor Arjen Oosterman samen met Ruud Brouwers en Ton Verstegen (beiden redacteur van het *Jaarboek*) de selectie heeft gemaakt, is dan ook te beschouwen als een inhaalmanoeuvre. Gelijktijdig is dit boek over recente woningbouw bij lange na niet volledig: de 54 gedocumenteerde werken van 42 architecten(bureaus) vormen slechts een doorsnede uit een dikke bovenlaag.

Uitgangspunt bij de keuze was de verscheidenheid in de bovenlaag van de Nederlandse woningbouwarchitectuur te laten zien. Deze verscheidenheid betreft niet zozeer de uiterlijke verschijning, aangezien die in Nederland een relatief beperkt spectrum bestrijkt. Uitzonderingen daargelaten - zoals Sjoerd Soeters, Kas Oosterhuis of Charles

No area of architecture is so obviously subject to the law of large numbers as housing. By no means everything that is built is architecturally interesting and this applies just as much to housing. Yet a sizeable proportion of Dutch housing is invariably of such a calibre that it can hold its own with the very best architectural creations in any other area. The exceptional nature of this achievement is all the more striking when one considers that the designer in this particular sector is constrained by strict budgets and detailed rules and regulations. Nevertheless, time and time again architects succeed in getting around the restrictions and achieving exceptional results. Moreover, quite apart from these exceptions, the average quality of Dutch housing is unusually high. A great many projects are of such a standard that the term 'serviceable' sounds somewhat niggardly.

This book, which brings together a number of exceptional and high-average Dutch housing projects from the past five years (with the emphasis on the most recent production), was prompted by a feeling that the Architecture in the Netherlands Yearbook, *excellent though it is, is simply unable to include all the interesting housing projects that appear in the course of any one year. The current publication, with projects selected by Arjen Oosterman together with Ruud Brouwers and Ton Verstegen (both editors of the* Yearbook*), is in the nature of a catching-up exercise. At the same time, even this coverage of recent housing projects is by no means complete: the 54 works by 42 architects and practices documented here are no more than a cross section plucked from a substantial top layer.*

The selection of projects has been motivated by a desire to reflect the diversity of this top layer of Dutch housing architecture. This diversity is not so much of external appearance, for that applies to a relatively limited spectrum in the Netherlands. Exceptions apart - such as Sjoerd Soeters, Kas Oosterhuis, or Charles Vandenhove, the Walloon architect who has built up a considerable oeuvre in the Netherlands - the lion's share of Dutch architecture does not stray beyond the

8

Vandenhove, de Waalse architect met een inmiddels aanzienlijk oeuvre in Nederland - bevindt het leeuwendeel van de Nederlandse architectuur zich binnen duidelijke formele en stilistische grenzen van een idioom dat zich via een proces van recycling uit de moderne traditie heeft ontwikkeld. De verscheidenheid is wel te vinden in de aard en omvang van de opgaven, en in de verschillende benaderingen daarvan die tot uiting komen in een scala aan verkavelingen, ontsluitingen, typologieën en woningplattegronden. De geselecteerde werken geven hierdoor zowel een overzichtelijke stand van zaken als een standaard voor de Nederlandse woningbouw. Zo gezien zijn ze zowel een voorbeeld als voorbeeldig.

clear formal and stylistic boundaries of an idiom that has evolved, by a process of recycling, out of the modern tradition. There is, however, diversity in the nature and size of the task and in the manner of tackling it and this is reflected in a rich mix of subdivisions, access strategies, typologies and floor plans. As such, the selected works provide both a good overview of the current state of affairs and a standard for Dutch housing construction. Seen in this light they are both example and exemplary.

Variatie in de woningbouw van de jaren negentig
Variation in Housing in the 1990s

In de Nederlandse bouwproductie heeft woningbouw vanaf het eind van de jaren veertig een omvangrijk aandeel. De woningbouwmachinerie kwam na de oorlog aanvankelijk langzaam op gang, maar steeg na een paar jaar naar gemiddeld 100.000 nieuwe woningen per jaar, met een piek van meer dan 150.000 woningen in de vroege jaren zeventig. Tegenwoordig liggen de jaarlijkse aantallen tussen de 80.000 en 90.000. De prognose is dat de komende vijftien jaar in ongeveer hetzelfde tempo wordt voortgebouwd en dat er tot 2010 nog bijna een miljoen woningen bij zullen komen.

De fluctuaties als vertraagd gevolg van economische welvaart en recessie laten onverlet dat de constante stroom woningbouw rechtstreeks samenhangt met twee demografische tendensen: bevolkingstoename en daling van de gemiddelde omvang van huishoudens. Dit zijn twee ontwikkelingen waarvan het einde nog niet in zicht is en die beide de vraag naar woningen voorlopig in stand houden.

De woningnood is sinds de jaren vijftig bestreden door zoveel mogelijk woningen te bouwen, maar is in feite nooit geheel gelenigd en bovendien inmiddels verweven geraakt met een kwalitatieve woningbehoefte. Behalve een vraag naar beter uitgeruste, grotere woningen (die zich vooral in de koopsector manifesteert) en naar goedkope huurwoningen, is er behoefte aan 'andere' woningen. Woningen waarvan het gebruik niet volledig is voorgeprogrammeerd, die flexibel indeelbaar zijn, waarin wonen kan samengaan met werken en die zijn toegesneden op andere samenlevingsvormen dan het traditionele kerngezin, zoals een- en tweepersoonshuishoudens of wat in fraai jargon voordeurdelers worden genoemd.

Vooral de ouderen, die anticyclisch ten opzichte van de algemene trend niet op zoek zijn naar grotere maar naar kleinere woningen, vormen een doelgroep van betekenis. De bejaardentehuizen hebben op de huidige senioren weinig aantrekkingskracht en als alternatief worden woonvormen ontwikkeld waarin men grotendeels zelfstandig kan wonen, zoals de zogeheten aanleunwoningen (de hedendaagse

Since the late 1940s housing has accounted for a very large proportion of Dutch building production. Although housing construction was slow to get going after the war, it gradually gathered pace and after a few years had reached an average of 100,000 new dwellings a year with a peak of 150,000 in the early 1970s. Annual totals currently run to between 80,000 and 90,000. The forecast is that houses will continue to be built at much the same rate during the coming fifteen years and that between now and the year 2010 almost a million new dwellings will be built.

Fluctuations prompted by a delayed reaction to economic prosperity and recession do nothing to alter the fact that this constant stream of house building is contingent upon two demographic tendencies: an increase in population and a decrease in average household size, two developments that show no sign of letting up and that for the time being maintain the demand for housing.

Since the 1950s, the housing shortage has been tackled, but never actually alleviated, by building as many dwellings as possible; now it has become entangled with a demand for quality housing. Apart from a call for better equipped and larger dwellings (chiefly in the private sector) and for cheap rental housing, there is also a demand for 'different' housing, for dwellings where the mode of occupancy is not entirely pre-programmed and that are flexible enough to accommodate working from home and/or forms of cohabitation other than the traditional nuclear family, such as one- and two-person households or, as Dutch officialese euphemistically puts it, 'front-door sharers'.

One significant target group in today's housing market is that of elderly people who are bucking the general trend by looking for smaller rather than larger dwellings. Old people's homes hold little attraction for today's elderly so the market has responded by developing new dwelling types that allow people to continue to live a largely independent life, such as 'sheltered' dwellings (today's version of the pocket-sized flats

variant op de bejaardenwoninkjes uit de jaren vijftig en zestig) of de seniorencomplexen met enkele gemeenschappelijke voorzieningen. Voor deze laatste categorie heeft zich de afgelopen jaren een min of meer vaste vorm ontwikkeld: wonen rond een overdekte binnenplaats. Dit type is onder andere te vinden bij de seniorenwoningen van Duinker, van der Torre in Delft.

Dat er een grote variatie aan woonwensen bestaat, wordt tegenwoordig alom erkend en is zelfs terug te vinden in aan sociologisch onderzoek ontleende noties van leefstijlen die door bestuurders, ontwikkelaars en makelaars worden gehanteerd. Met die leefstijlen kan de verscheidenheid aan verlangens worden gekanaliseerd tot ongeveer een half dozijn profielen van bewoners met elk hun kenmerkende samenlevingsvorm, bezigheden en tijdsbesteding. Maar hoe belangrijk het voor een bepaald segment van de woningmarkt ook is om rekening te houden met specifieke woonwensen, een groot deel van de Nederlandse bevolking is van mening dat het eengezinshuis met tuin in de suburbane omgeving van een buitenwijk uitstekend voldoet om de eigen levensstijl te ontplooien. Zelfs in een tijd van sterke individualisering bestaat op het gebied van de gewenste huisvesting kennelijk een groot conformisme.

Het besef van uiteenlopende leefstijlen werkt niettemin door in de woningbouw, bijvoorbeeld in grotendeels vrij indeelbare, neutrale plattegronden met schuifwanden voor tijdelijke veranderingen. Een illustratieve uitwerking van deze benadering is te vinden in de woningen van Teun Koolhaas Associates in Diemen, die zijn voortgekomen uit een meervoudige opdracht voor woningen met verschillend gebruik. De keuze die de bewoner in dergelijke gevallen wordt gelaten, zou kunnen worden beschouwd als een erfenis van het gedachtengoed van de oprichter van de Stichting Architecten Research, John Habraken. In zijn publicatie getiteld *De dragers en de mensen* (1961) hield hij al een pleidooi voor flexibiliteit. Zijn voorstel om hiervoor door

built for the elderly in the 1950s and 1960s) or housing complexes incorporating some communal facilities. The latter type has acquired a more or less fixed form in recent years and involves living around a covered inner courtyard. An example of this type are the dwellings for the elderly in Delft designed by Duinker, van der Torre.

The existence of an enormous variety of dwelling requirements is so generally accepted that it has even prompted managers, developers and estate agents to adopt sociological notions of lifestyle whereby the confusing multiplicity of requirements can be reduced to some half dozen house-seeker profiles, each with their own distinctive form of cohabitation, activities and pastimes. But however important it may be to take account of the specific housing requirements of a particular segment of the housing market, a major portion of the Dutch population is of the opinion that the single-family dwelling with garden in a suburban setting is perfectly adequate for developing an individual lifestyle. Even in a period of rampant individualization, there appears to be a high degree of conformity as to what constitutes desirable accommodation.

Nonetheless, an awareness of the wide variety of lifestyles does make itself felt in the housing industry, for example in freely subdivisible, neutral floor plans and sliding walls for temporary changes. A typical example of this approach is to be found in the dwellings in Diemen designed by Teun Koolhaas Associates, the product of a limited competition for flexible-use dwellings. The choices that are left to the occupant in such schemes could be regarded as a legacy of the ideas of the founder of the Foundation for Architectural Research, John Habraken who put the case for flexibility in Supports: An Alternative to Mass Housing *(1972, dutch edition 1961). However, his proposal to achieve flexibility by means of industrial production and standardization has not, as yet, been put into practice.*

Deventer: Sijzenbaan, 1985-1988

Een nieuwe, min of meer open structuur, die zich toch hecht aan het bestaande stadsweefsel, dat was de grote verdienste van dit ontwerp van Theo Bosch. De moderne architectuur was er eindelijk in geslaagd nieuwe typologieën en het thema van de herhaling in overeenstemming te brengen met de historische stad. Door de sterke vervlechting om niet te zeggen het volledig samenvallen van stedenbouw en architectuur was het echter een moeilijk navolgbaar experiment, al ligt het Amsterdamse project aan de Van Reigersbergenstraat van Lafour & Wijk in het verlengde hiervan.

Deventer: Sijzenbaan, 1985-1988

The principle merit of this design by Theo Bosch was that it managed to weld a new, more or less open structure to the existing urban fabric. Modern architecture had finally succeeded in reconciling new typologies and the issue of repetition with the historical city. However, the strong interweaving, not to say total congruence, of urban design and architecture made it a hard act to follow, although Lafour & Wijk's project on Van Reigersbergenstraat in Amsterdam is in a similar vein.

middel van industriële productie en standaardisatie de voorwaarden te scheppen, is echter in de praktijk vooralsnog niet gerealiseerd.

VINEX

Ondanks alle nieuwe woonmogelijkheden waaruit gekozen kan worden, blijft een huis met tuin het uitgesproken ideaal van een meerderheid van de bevolking. Misschien is het onderbewust zelfs een algemeen menselijk verlangen om te wonen in een archetypisch huis, dat in het rijtjeshuis of de twee-onder-een-kap woning het dichtst wordt benaderd. In de Randstad staat dit verlangen op gespannen voet met de beschikbare ruimte, maar dat is niet een probleem van vandaag of gisteren. In de jaren zestig werd al voor de dreigende uitputting van ruimte gewaarschuwd, wat niet heeft verhinderd dat er steeds weer plaats is gevonden om te bouwen, en ook nu klinkt de waarschuwing regelmatig. Zo heeft landschapsarchitect Adriaan Geuze als onheilsprofeet vanuit een zeppelin boven de Randstad verkondigd dat er hoognodig iets moet worden gedaan aan de alles doordringende suburbanisatie en heeft minister De Boer van VROM een schot voor de boeg gegeven door te zeggen dat glastuinbouw in het Westland misschien moet plaatsmaken voor hoge woongebouwen. Ondertussen worden steeds concretere plannen gemaakt voor de expansie van Utrecht in de richting van Vleuten en De Meern, Rotterdam in de richting van de Hoekse Waard, Amsterdam in de richting van Pampus en Den Haag naar alle kanten: Ypenburg, Wateringen en in westelijke richting waar (al lijkt dit nu nog weinig realistisch) in de toekomst voor de Scheveningse kust zou kunnen worden gebouwd.

Dergelijke grote (woning)bouwlocaties worden in het kader van de Vierde Nota over de Ruimtelijke Ordening Extra (VINEX) ontwikkeld. Ze zijn niet alleen in de Randstad geprojecteerd, maar eveneens daarbuiten. Het beeld dat

VINEX

Despite the wide range of new housing possibilities, a house with a garden remains the undisputed ideal of the majority of the population. Perhaps it is subconsciously even a universal human ambition to live in an archetypical house, the closest approximation to which is the terrace or semi-detached dwelling. In the densely populated Randstad conurbation of Western Holland, this ambition is quite at odds with the available space - not that this is anything new. Dire warnings of an imminent lack of space were already being voiced back in the 1960s, yet space for more buildings has always been found. The same warnings are regularly heard today. For example, landscape architect Adriaan Geuze recently played the prophet of doom, announcing from a zeppelin floating over the Randstad that urgent action was needed to stem the tide of creeping suburbanization, and the Minister of Housing, Spacial Planning and Environment recently sounded a note of warning by stating that glasshouse cultivation in Westland might have to make way for high-rise housing blocks. Meanwhile increasingly concrete plans are being made to expand Utrecht to the west, Rotterdam to the south, Amsterdam to the east and The Hague to all points of the compass: south, south east, and even westwards where there are plans (although they do not seem very realistic at present) to build in the sea off the coast at Scheveningen.

Such large (housing) construction sites are being developed within the context of the Fourth Policy Document on Planning (Extra), better known by its Dutch acronym VINEX. They are not restricted to the Randstad. The picture Jac. P. Thijsse sketched in 1963 of the urbanization of the Netherlands by the year 2000 has turned out, for instance with respect to the development of a belt city in North Brabant and the agglomeration of Hengelo and Enschede, to have been a fairly accurate prediction. Yet as long as ninety per cent of the Netherlands is undeveloped, the oft-repeated question (and somewhat unfortunate paraphrase of the far right's xenophobic

Jac.P. Thijsse in 1963 schetste van de verstedelijking van Nederland in het jaar 2000, bijvoorbeeld waar het de ontwikkeling van een bandstad in Noord-Brabant of de agglomeratie van Hengelo en Enschede betreft, is uiteindelijk een vrij nauwkeurige voorspelling gebleken. Maar zolang ongeveer negentig procent van Nederland onbebouwd is, kan de terugkerende vraag of Nederland vol is - overigens een weinig gelukkige parafrase op de xenofobe. leus van extreem-rechts - nog steeds ontkennend worden beantwoord.

Uitbreidingswijken vormen in omvang het voornaamste werkterrein van de woningbouwarchitect, maar ze zijn niet de enige opgave. De stadsvernieuwing van oude wijken in de grote steden gaat nog steeds door, zoals in de Amsterdamse Dapperbuurt waar onder anderen Hans van Heeswijk recentelijk invullingen heeft gerealiseerd. Inmiddels wordt in enkele gemeenten ook de naoorlogse architectuur aangepakt. Behalve uit woningverbetering, sloop en vervanging, bestaat de opgave in deze tweede stadsvernieuwingsgolf uit het opvoeren van de woningdichtheid in de veelal royaal opgezette wijken uit de jaren vijftig en zestig. Dit soort invullingen vindt echter niet altijd plaats met het respect en gevoel voor de context, die Claus en Kaan in Groningen aan de dag hebben gelegd.

Het vierde werkterrein van betekenis voor de woningbouwarchitect is te vinden in de stedelijke vernieuwing; de transformatie tot woon- en werkgebied van gebieden waar vroeger bedrijvigheid en industrie gevestigd waren en die als *terrains vagues* op een nieuwe bestemming lagen te wachten. De Kop van Zuid in Rotterdam en het Oostelijk Havengebied in Amsterdam zijn daarvan de omvangrijkste voorbeelden, maar ook op kleine schaal worden stedelijke leegtes gerevitaliseerd.

slogan) as to whether the Netherlands is full can still be answered in the negative.

In terms of size, suburban development areas constitute the main field of activity for the housing architect, but they are not the only task. Urban renewal is still being carried out in the old quarters of the big cities, such as Amsterdam's Dapper district where Hans van Heeswijk is among those to have recently carried out infill projects. Some cities are also beginning to tackle post-war architecture. Apart from refurbishment, demolition and replacement of the housing stock, the task in this second wave of urban renewal consists of stepping up the density in the often spaciously conceived districts built in the 1950s and 1960s. Not all such projects are carried out with the respect and sensitivity for the context demonstrated by Claus and Kaan in Groningen.

A fourth important field of activity for the housing architect is that of urban regeneration: the transformation of former industrial sites - terrains vagues waiting for a second lease of life - into residential and office areas. The Kop van Zuid in Rotterdam and the Oostelijk Havengebied in Amsterdam are the most extensive examples but the revitalization of urban voids is also taking place on a smaller scale.

Recombination

Diverse housing needs and a wide variety of locations are two aspects of the situation confronting today's housing architect. In addition, he or she is also affected by the change in economic relationships in the housing industry. These are partly due to a government retreat from housing construction that has seen a sharp decline in the volume of subsidized housing relative to total production. Whereas subsidized housing accounted for about ninety per cent of all new housing in the mid-1980s, that figure is now a mere thirty per cent. This has been compounded by the financial privatization of the housing

Amsterdam: Nieuwbouw Oranje Nassaukazerne, 1987-1992
Bij de conversie van een negentiende-eeuwse kazerne tot woningbouw werden door Atelier PRO zes torentjes, een boog en aanvullende blokken toegevoegd. De torens werden op uitnodiging van PRO elk door een andere buitenlandse architect ontworpen, maar door PRO zelf uitgewerkt. Het was een nieuwe aanpak om diversiteit en samenhang te bewerkstelligen, om de vraag naar individualistischer architectuur en een coherent stadsbeeld beide recht te doen.

Amsterdam: Nieuwbouw Oranje Nassaukazerne, 1987-1992
In converting a nineteenth-century barracks to housing, Atelier PRO added six small tower blocks, an arch and extra blocks. Each of the towers, at PRO's invitation, was designed by a different foreign architect but elaborated by PRO itself. It was a new approach aimed at achieving diversity and coherence, at doing equal justice to the demand for a more individualistic architecture and the desire for a coherent townscape.

Recombinatie

De gevarieerde woningbehoefte en de uiteenlopende soorten
locaties zijn twee aspecten waarmee de hedendaagse woningbouwarchitect in de praktijk wordt geconfronteerd. Daarnaast
heeft hij of zij te maken met de veranderde economische
verhoudingen in de woningbouw, onder meer door de terug-
trekkende beweging van de overheid die zich uit in een forse
daling van het aandeel van de gesubsidieerde woningbouw in
de totale productie. Was midden jaren tachtig ongeveer
negentig procent gesubsidieerd, nu is dat maar dertig
procent. Daarbij komt de financiële verzelfstandiging van
de woningbouwverenigingen na de zogeheten bruterings-
operatie en de geleidelijke verschuiving van het zwaartepunt
van huur- naar koopwoningen. Deze economische ontwikkelingen laten misschien niet direct sporen na in de architectuur, maar zijn indirect uiteraard van betekenis voor wat en
waar, nu en in de toekomst wordt gebouwd.

De gevolgen ten slotte van het Bouwbesluit dat in 1992
van kracht is geworden, zijn wel rechtstreeks van invloed op
de verschijningsvorm van de woningbouw. Alleen al voor de
hoge eisen die aan milieuvriendelijkheid en warmte- en
geluidsisolatie worden gesteld, moet tegenwoordig een
groter deel van het budget worden gereserveerd. De milieuvriendelijkheid is een thema dat zich de laatste jaren heeft
ontworsteld aan het macrobiotische imago en onder de naam
duurzaam bouwen een steeds vanzelfsprekender onderdeel is
geworden van de architectuur en de stedenbouw.

Hoezeer de woningbouw ook is gebonden aan wettelijke
regels en beperkte begrotingen, tot in de duurdere segmen-
ten van de vrije sector, toch blijkt er steeds weer ruimte te
zijn voor experimenten en vernieuwingen. Experimenten
worden zelfs bewust gezocht door ontwerpers, want meer
dan bij andersoortige opgaven het geval is, tonen ze in de
woningbouw een uitzonderlijke betrokkenheid. De funda-
mentele betekenis die wonen heeft als menselijke behoefte,

*corporations and a gradual shift in focus from rental to owner-
occupied housing. These economic developments may not leave
any visible traces in the architecture but they obviously have an
indirect impact on the what and where of housing construction
both now and in the future.*

*The consequences of the Building Decree that came into
force in 1992 do, however, affect the physical appearance of
new housing. To start with, a larger part of the budget must
nowadays be set aside in order to meet the high demands
placed on eco-friendliness, heat insulation and sound proofing.
Environmental responsibility is an issue that has managed to
shed its macrobiotic image in recent years and, under the name
of sustainable building, to become an increasingly automatic
component of architecture and urbanism.*

*However much housing, even in the pricier segments of the
private sector, may be bound by statutory regulations and
budget limitations, there always seems to be room for
experimentation and innovation. Indeed, designers appear
deliberately to pursue experimentation in housing construction, exhibiting a degree of commitment not often found in
other kinds of building task. Their enthusiasm is evidently
inspired by the fundamental significance of housing as a
human need.*

*The Dutch housing industry can boast a long and strong
tradition of experimentation. Although it is usually attributed
to the 1901 Housing Act, it can easily be dated back to the
nineteenth century. It is generally depicted as a succession of
experiments and innovations at the level of the dwelling, the
housing block and land division. From Michel de Klerk's
perimeter blocks and Gerrit Rietveld's 'core' houses, to the
Van Gool plan in Amsterdam-Noord and the Prinsenland district
in Rotterdam, architects have habitually paid particular
attention to housing. Whereas in many building tasks the
building programme dictates the design, in housing it appears
to be of less concern, precisely because the programme is so
self-evident. Here it is the designer's personal vision of living*

draagt er kennelijk toe bij dat architecten zich hiermee intensief bezighouden.

De Nederlandse woningbouw kent in dat opzicht een lange en sterke traditie, die meestal de Woningwet van 1901 als beginpunt heeft, maar zonder moeite van negentiende-eeuwse wortels kan worden voorzien. Zij wordt doorgaans beschreven als een aaneenschakeling van experimenten en vernieuwingen op het niveau van de woning, het woongebouw en de verkaveling. Van de blokken van Michel de Klerk en de kernwoningen van Gerrit Rietveld tot het plan Van Gool in Amsterdam-Noord en de wijk Prinsenland in Rotterdam, is het een vertrouwde habitus van de architect om aan het wonen bijzondere aandacht te besteden. Terwijl bij veel bouwopgaven het programma van eisen richtinggevend is voor het ontwerp, lijkt dit in de woningbouw van onder-geschikt belang, juist omdat het programma zo vanzelf-sprekend is. Hier is een persoonlijke visie van de ontwerper op het wonen en op de verhouding tussen individu en collectief, en privé en openbaar, van grote betekenis omdat daarmee kleur en toon worden toegevoegd aan de onveranderlijke kern van het wonen.

Zoals de oneindige variatie in DNA is terug te voeren op slechts vier aminozuren, zo is de veelvormigheid in de woningbouw eveneens terug te voeren op enkele elementen: woonkamer, slaapkamer, keuken en sanitair. Zij kunnen in allerlei configuraties voorkomen en bovendien in al die configuraties op talloze manieren worden samengevoegd. Het is de onveranderlijkheid van de elementen van het wonen die ontwerpers stimuleert op zoek te gaan naar de rek in de vaste gegevens. Deze rek wordt overigens niet alleen gevonden in nieuwe oplossingen, maar tegenwoordig ook in het creatieve hergebruik van het bestaande.

Het bewustzijn van de traditie van de eigen discipline - eeuwenlang de basis van de architectuur, maar in de twintigste eeuw enigszins op de achtergrond geraakt - is een van de weinige aspecten van het postmodernisme die in Nederland nog steeds doorwerken. Tot op de dag van vandaag

and of the relationship between individual and collective, private and public, that is all-important because it adds colour and tone to the unchanging essentials of living.

Just as the infinite variation of DNA has its origins in only four amino acids, so multiformity in housing has its origins in a handful of elements: living room, bedroom, kitchen and bathroom. They can occur in all sorts of configurations and also be joined together in countless different ways within these configurations. It is the immutability of these elements that stimulates designers to look for flexibility in the fixed factors. Nowadays this flexibility is not only a matter of new solutions but also of creatively recycling the pre-existing.

An awareness of the tradition within one's own discipline - for centuries the basis of architecture but in the twentieth century somewhat neglected - is one of the few aspects of post-modernism still making itself felt in the Netherlands. To this day it manifests itself in housing construction in recombina-tions of existing subdivisions, housing types and access prin-ciples. It began in the 1980s with offices like OMA, Mecanoo, Duinker, van der Torre and DKV but a similar interest had also been in evidence in the 1960s and 1970s among architects belonging to the Forum school. Theo Bosch, Paul de Ley and Lucien Lafour have also explored the possibilities of dwelling and subdivision, especially in the context of urban renewal.

The fact that useful elements were initially drawn from the tradition of the Modern Movement fits in with the revival of modernism in the 1980s, the Dutch variant of international postmodernism. This preference for the modern repertoire can be explained as a reaction to the whimsical 'woonerf' (housing estate) layout and architecture of the 1970s. In recent years, however, a whole host of other examples - such as the porch-access dwellings of Roodenburgh and the Hague School or the canal house typology - have been analysed, adapted, combined and implemented.

The recombination of typological elements from the historical reservoir has been one of the most significant experiments in

Rotterdam: Prinsenland, 1988-1993
De buurt die Mecanoo ontwierp en architectonisch uitwerkte, laat zien dat er naast straat en woonerf nog andere woonmilieus denkbaar zijn, zoals het woonpark.
Door de zigzaggende lay-out van de straatjes worden de eenvormigheid en massaliteit gemaskeerd. Ook demonstreert het project een ontwerpende aandacht tot op
het niveau van tuinhek, meterkast en lantarenpaal. Een zekere gekunsteldheid kon evenwel niet worden vermeden.

Rotterdam: Prinsenland, 1988-1993
The neighbourhood designed and architecturally elaborated by Mecanoo shows that there are other kinds of residential milieu besides the street and housing estate, in
this case the housing park. The ziz-zag layout of the streets masks the uniformity and massiveness of the scheme which also reveals attention to design at the level of the
garden fence, metre cupboard and lamppost. It could not, however, avoid a certain air of artificiality.

Amersfoort: Kattenbroek, 1988-1995

Ashok Bhalotra's stedenbouwkundige aanpak bleek een succesvolle strategie om de heersende architectonische diversiteit ruimtelijk te organiseren. Via thema's en metaforen werden de architecten zelfs uitgedaagd fantasie en variatie nog verder op te voeren; een voor Nederland ongebruikelijke benadering van architectuur. Het leverde vaak vrolijke vormexperimenten op. Bhalotra's op persoonlijke inspiratie en associaties gebaseerde werkwijze staat op gespannen voet met de meer objectiverende stedenbouwkundige tradities in Nederland. Het succes bij bestuurders en opdrachtgevers gaat dan ook gelijk op met kritiek uit de vakwereld.

Amersfoort: Kattenbroek, 1988-1995
Ashok Bhalotra's urban design approach turned out to be a successful strategy for organizing the prevailing architectural diversity. Themes and metaphors were deployed to challenge the architects to come up with still more fantasy and variety; an unusual approach to architecture for the Netherlands. It yielded often lively experiments with form. Bhalotra's working method, based on personal inspiration and associations, is totally at odds with the more objectifying urbanist traditions in the Netherlands. The scheme's popularity among administrators and clients was consequently matched by adverse criticism in professional circles.

komt dit in de woningbouw tot uiting in de recombinaties van bestaande verkavelingen, woningtypen en ontsluitings- principes. Het begon in de jaren tachtig bij bureaus als OMA, Mecanoo, Duinker, van der Torre en DKV en eenzelfde belang- stelling was destijds terug te vinden bij architecten uit de Forum-school. Theo Bosch, Paul de Ley en Lucien Lafour hielden zich eveneens intensief bezig met de exploratie van woning en verkaveling, vooral in de stadsvernieuwing.

Dat bruikbare elementen aanvankelijk werden geput uit de traditie van de moderne beweging, past in de revival van het modernisme in de jaren tachtig, de Nederlandse variant op het internationale postmodernisme. Deze voorkeur voor het moderne repertoire is te verklaren als reactie op de grillige architectuur van het woonerf uit de jaren zeventig. Overigens zijn de afgelopen jaren allerlei andere voorbeelden geanalyseerd, bewerkt, gecombineerd en toegepast, zoals de portiekontsluitingen van Roodenburgh en de Haagse School of de typologie van het grachtenpand.

De recombinatie van typologische elementen uit het historische reservoir vormde de afgelopen vijftien jaar een van de belangrijkste experimenten in de woningbouw. Veel van die experimenten kwamen tot stand binnen de dagelijkse praktijk. Behalve onder gangbare omstandigheden vonden ze regelmatig plaats onder bijzondere condities, want zoals vrijwel alles in Nederland geïnstitutionaliseerd is en gesub- sidieerd wordt, heeft ook de experimentele woningbouw een stimulerend kader gekregen. De recente oorsprong daarvan is te vinden in de instelling in de jaren zeventig van het over- heidspredikaat 'experimentele woningbouw' voor bijzondere oplossingen op het terrein van verkaveling, woningindeling en verschijningsvorm. Van al deze als experimenteel aan- geduide projecten waren de kashba in Hengelo en de paal- woningen in Helmond, beide van Piet Blom, de spectacu- lairste en verst doorgevoerde uitwerkingen. De meeste andere waren aanmerkelijk minder radicaal.

housing during the last fifteen years. Many of these experi- ments came about in the course of everyday practice but there have also been frequent instances of 'authorized' experi- mentation, for just as virtually everything in the Netherlands is institutionalized and subsidized so experimental housing, too, has been officially sanctioned and 'stimulated'. It began in the 1970s with the introduction of the official designation 'experimental housing construction' for exceptional solutions in the field of land subdivision, dwelling layout and external appearance. By far the most spectacular and thoroughgoing of the many projects designated 'experimental' were the kasbah in Hengelo and the pole dwellings in Helmond, both by Piet Blom. Most of the other experiments were considerably less radical.

Architectural Diversity

In the course of the 1980s and 1990s, the display housing estate became the principal domain for experiments. The new districts and neighbourhoods that sprang up in Almere (Filmwijk, Muziekwijk), Haarlem (Zuiderpolder), Alphen aan de Rijn (Ecolonia) and The Hague (Dedemsvaartweg) were explicitly predicated on the search for new, or at any rate contemporary, solutions to the classic housing problem. The big difference with the incidental experiments of the 1970s is that these districts can be construed as complete showcases of possibilities. The housing in such exhibition areas is both an addition to the housing stock and an empirical trial of new forms, types and subdivisions in the tradition of Weissenhof- siedlung and Betondorp.

Nowadays however the showcase character is not restricted to projects deliberately set up as model districts. The showcase idea is also amply represented in conventional practice. But whereas in the past an effort was made to achieve some sort of unity between architecture and urban planning at the level of the neighbourhood and sometimes of the district,

Staalkaart

In de loop van de jaren tachtig en negentig zou de expositie-
wijk het voornaamste domein van de experimenten worden.
In Almere (Filmwijk, Muziekwijk), Haarlem (Zuiderpolder),
Alphen aan de Rijn (Ecolonia) en Den Haag (Dedemsvaartweg)
verrezen wijken en buurten, waarbij het zoeken naar nieuwe
of althans eigentijdse oplossingen voor het klassieke woning-
bouwvraagstuk een expliciet uitgangspunt was. Het grote
verschil met de incidentele experimenten uit de jaren zeventig is dat deze wijken zijn op te vatten als complete staal-
kaarten van mogelijkheden. De woningbouw in dergelijke
tentoonstellingswijken is zowel een vergroting van de woningvoorraad als een empirische proefneming met nieuwe
vormen, typen en verkavelingen in de traditie van de
Weissenhofsiedlung en Betondorp.

Het staalkaartkarakter is tegenwoordig echter niet
alleen terug te vinden in welbewust als voorbeeldwijken
opgezette projecten. Ook in de reguliere praktijk is het idee
van de staalkaart rijkelijk vertegenwoordigd. Maar waar
vroeger op het niveau van buurt en soms van wijk werd
gestreefd naar een eenheid tussen architectuur en stedenbouw, wordt in wijken als de Hoornse Meer in Groningen,
Prinsenland in Rotterdam, Nieuw-Sloten in Amsterdam en
Kattenbroek in Amersfoort, juist naar een grote verscheidenheid gezocht. De eenheid tussen architectuur en stedenbouw
die sinds H.P. Berlage in Nederland een sterke traditie heeft
gekend, is door de versnippering dan ook nauwelijks meer te
ervaren.

In Kattenbroek is getracht het ontbreken van een architectonische uniformiteit te compenseren door het gebruik van
zwaar stedenbouwkundig geschut en de pertinente toepas-
singen van abstracte metaforen. Ashok Bhalotra heeft zich
daarmee als een baron van Münchhausen aan zijn eigen haren
uit het moeras getrokken, teneinde in de aanleidingsloze
leegte toch een begin van een stedenbouwkundig plan te
vinden. In de meeste andere wijken is de eenheid met minder

*in districts like Hoornse Meer in Groningen, Prinsenland in
Rotterdam, Nieuw-Sloten in Amsterdam and Kattenbroek in
Amersfoort, the whole object of the exercise is diversity. The
result of all this fragmentation is that the unity between
architecture and urbanism that has enjoyed a strong tradition
in the Netherlands since H.P. Berlage, has become something
of a rarity.*

*In Kattenbroek there has been an attempt to compensate
for the lack of architectural uniformity by deploying heavy
urban design artillery and by the explicit use of abstract
metaphors. Ashok Bhalotra has resorted to such devices in a
futile attempt to discover at least the beginnings of a
masterplan in the unpromising void. In most of the other
districts unity has been achieved with less emphatic means,
for example by giving the streets and squares a more 'urban'
layout.*

*A typical feature of today's new housing areas is that the
public space is to a large extent paved and there is less use of
grass, lush shrubbery, small parks and groups of trees. What
greenery there is, is usually domesticated in small enclaves and
geometric patterns of wedges, lines and grids. Yet urbanist
devices must often yield to the superior might of autonomous
architectural expression that is most powerfully evident on the
freshly reclaimed land of the new districts. Such individualism
begins with the designer who wants to express his discoveries
and ideas in architecture and ends up getting a warm reception
from the prospective occupant who is keen to acquire a dwelling
that is recognizably different. Telling examples of this process
are Kas Oosterhuis's various projects in Groningen, Liesbeth
van der Pol's IJsselwoningen in Zwolle and Sjoerd Soeter's
'Zeeland cap' houses in Nieuw-Sloten.*

*One of the few places where it has proved possible, in
fairly substantial projects, to strike a balance between
architectural variation and urban design order is the Oostelijk
Havengebied in Amsterdam. It is nonetheless striking that
three adjacent neighbourhoods should exhibit an equal number
of organizing strategies: the monumental ensemble of huge*

nadrukkelijke middelen bereikt door bijvoorbeeld straten en pleinen 'stedelijker' in te richten.

Typisch voor de hedendaagse nieuwe woonwijk is dat de openbare ruimte in hoge mate verhard is uitgevoerd en minder dan voorheen is gelardeerd met gras, weelderig struikgewas, plantsoentjes en boomgroepen. Het aanwezige groen is meestal gedomesticeerd in kleine enclaves en geometrische patronen van punten, lijnen en rasters. De stedenbouwkundige middelen moeten het echter vaak afleggen tegen de kracht van de autonome expressie van de architectuur, die zich vooral op het opgespoten land van de nieuwe wijken in zijn volle omvang manifesteert. Dit individualisme begint bij de ontwerper die zijn vondsten en ideeën kwijt wil in de architectuur en vindt uiteindelijk een warm onthaal bij de bewoner die graag een woning heeft die herkenbaar anders is. Sterke voorbeelden daarvan zijn de verschillende projecten van Kas Oosterhuis in Groningen, de IJsselwoningen van Liesbeth van der Pol in Zwolle of de Zeeuwse-meisjes-kappen van Sjoerd Soeters in Nieuw-Sloten.

Een van de weinige plaatsen waar het gelukt is in projecten van een zekere schaal een verstandhouding te vinden tussen architectonische variatie en stedenbouwkundige orde, is het Oostelijk Havengebied in Amsterdam. Opvallend is wel dat in drie aangrenzende buurten evenveel strategieën voor de ordening van woningbouw te zien zijn: het monumentale ensemble van grote blokken op het door Jo Coenen ontworpen KNSM-eiland, de zich herhalende aaneenrijging van grote en kleine gebouwen tot omvangrijke gesloten blokken op het Java-eiland dat onder supervisie van Sjoerd Soeters wordt gebouwd en de aanleg van het gemêleerd laagbouwtapijt met hoge dichtheid op Borneo-Sporenburg waarvoor West 8 het stedenbouwkundig plan maakte. Het relativisme dat spreekt uit het vrijwel gelijktijdig naast elkaar bouwen van drie zulke verschillende buurten, zou vroeger ondenkbaar zijn geweest. Niemand zou het veertig jaar geleden in zijn hoofd hebben gehaald om traditionalisme, functionalisme en een Forum-benadering

blocks on Jo Coenen's KNSM island, the repetitive stringing together of large and small buildings into substantial perimeter blocks under Sjoerd Soeter's supervision on Java island, and the construction on Borneo-Sporenburg of the variegated low-rise, high density carpet master-minded by West 8. The relativism implicit in the almost concurrent construction of three such different neighbourhoods next to one another would previously have been unthinkable. Forty years ago, no one would have dreamt of placing traditionalism, functionalism and Forum design in three neighbouring areas, and twenty years ago no one would have combined the woonerf and neo-modern open row housing. Today such a thing is no longer unusual: Mecanoo's introverted staggered row housing in Prinsenland can be viewed as an amalgam of these formerly incompatible elements.

Neo-conservatism

Relativism is not confined to architecture and urbanism. It is also making itself felt in nearly all sections of society and can justifiably be construed as a sign of the times. Idealism, all too readily dismissed as high-flown naivety, has made way for pragmatism and for the neo-conservative agenda of deregulation, privatization and individualization. These same trends are also discernible in the market-oriented thinking of the trade union movement, the fierce competitiveness of the privatized public utilities, the popularity of cockeyed New Age theories where everything revolves around the individual and the systematic whittling away of the achievements of social legislation. Even the Building Decree, notwithstanding architects' complaints that it curtails their freedom, is essentially a manifestation of deregulation. And there is another way in which neo-conservatism leaves a mark on the housing industry: the egalitarian principles implicit in public housing have all but evaporated while the term 'public housing' has almost disappeared from the official vocabulary.

in drie buurten naast elkaar te plaatsen en niemand zou twintig jaar geleden woonerf en neomoderne strokenbouw hebben gecombineerd. Tegenwoordig is zoiets niet langer ongebruikelijk, zoals te zien is in de besloten scheve strokenbouw van Mecanoo in Prinsenland, die kan worden opgevat als een samengaan van deze vroeger onverenigbaar geachte elementen.

Neoliberalisme

Het relativisme is niet alleen in de architectuur en stedenbouw terug te vinden, maar werkt in vrijwel alle geledingen van de samenleving door en kan met recht worden opgevat als een teken van deze tijd. Idealisme, dat al snel wordt afgedaan als hoogdravende naïviteit, heeft plaats gemaakt voor pragmatisme en voor neoliberalistische tendensen van deregulering, privatisering en individualisering. Deze tendensen zijn terug te vinden in het marktgerichte denken van het FNV, de concurrentiedrift van geprivatiseerde nutsbedrijven, de populariteit van New-Age-waanbeelden dat alles aan jezelf ligt of de stelselmatige afbraak van de verworvenheden van de sociale wetgeving. Zelfs het Bouwbesluit is, ondanks klachten van ontwerpers over de beknotting van vrijheden door alle voorschriften, in de kern een uiting van deregulering. Het neoliberalisme laat overigens ook op een andere manier zijn sporen na in de woningbouw. De egalitaire principes van de volkshuisvesting zijn nagenoeg verdampt en volkshuisvesting is als woord bijna uit het ambtelijke spraakgebruik verdwenen. Tegenwoordig worden zelfs in sociaaldemocratische kringen de principes van het recht op wonen vertaald in een Thatcheriaanse doctrine waarbij iedereen zijn eigen woning zou moeten kunnen kopen of desnoods alleen de binnenkant ervan.

De huidige ongelijkheid in de woningbouw uit zich onverholen in complexen die een mengeling van gesubsidieerde en

Nowadays, even in social-democratic circles, the principle of the right to housing is translated into a Thatcherite doctrine stating that everybody should be able to purchase their own home or at the very least the interior.

The current inequality in housing construction manifests itself quite openly in complexes that contain a mixture of subsidized and unsubsidized rental and owner-occupied dwellings. This abandonment of the equality implicit in stacked identical dwellings can be logically explained in terms of price differentials. But the creation of unmistakable 'class' distinctions with respect to situation, view and sunlighting is - in the Netherlands at any rate - new. While this is particularly blatant in Kollhoff and Rapp's Piraeus housing block, the principle of equality is just as rare elsewhere, not just because of hard economic reality but also because of aesthetic considerations which dictate that the composition of the façade should take precedence over the floor plan of the dwelling. The precise placement of a balcony or a window may in such cases weigh more heavily than practicality.

The prominence currently attached to the façade as an independent element recalls the Amsterdam School's treatment of the façade. In some housing projects there are even explicit references to this expressionistic architecture, as for example in Geurst & Schulze's project in The Hague. The autonomy of the façade is particularly evident when it is treated as a screen, as in Wiel Arets's accommodation for the elderly in Maastricht, the Herdenkingsplein project by Mecanoo and Boosten Rats in the same city or Meyer & Van Schooten's glazed façade 'padded' with insulation material in the Mercator district in Amsterdam.

The emphasis placed on the façade is part and parcel of the aestheticizing trend that Hans van Dijk has identified as a major theme of recent Dutch architecture. Even though it could be observed that architects have always striven to fulfil the programme in a practical and attractive way, the fact remains that nowadays no element escapes being touched by the wand of the aesthetic magicians. The result is an enormous variety

Amsterdam: KNSM-eiland, 1989-1996
Door toepassing van forse, heldere massa's heeft Jo Coenen gepoogd bij de herontwikkeling van het KNSM-eiland in Amsterdam zowel de bebouwing als de stedelijke ruimte een monumentale werking en samenhang te geven. In de uitwerking overheerst evenwel de verzelfstandiging van de verschillende projecten. Naast de bekende moeilijkheden van bezonning en uitzicht in een gesloten bouwblok vormt de ruimtelijke samenhang van het plan als geheel dan ook een punt van zorg.
Architecten nieuwbouw: Jo Coenen & Co Architekten, Bruno Albert, Wintermans Architekten, Hans Kollhoff en Christian Rapp, Wiel Arets architect & associates.

Amsterdam: KNSM island, 1989-1996
In his redevelopment plan for KNSM island in Amsterdam, Jo Coenen used robust, lucid masses in an attempt to impart a monumental force and coherence to both the buildings and the urban space. In the event, the independence granted the various projects overwhelmed these intentions. In addition to such familiar perimeter block problems as sunlighting and views, the spatial coherence of the plan as a whole became a source of concern. New-build architects: Jo Coenen & Co Architekten, Bruno Albert, Wintermans Architekten, Hans Kollhoff and Christian Rapp, Wiel Arets architect & associates.

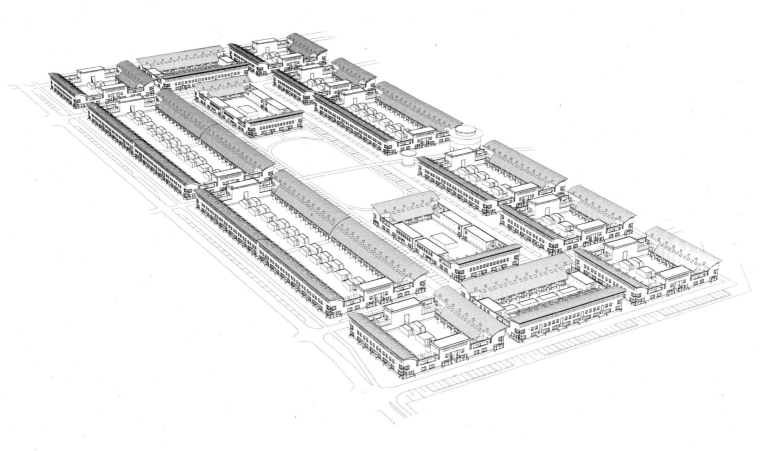

Amsterdam: Nieuw-Sloten, 1992-1996
De woonbuurt die Hans Ruijssenaars van de architectengroep in de uitbreidingswijk Nieuw-Sloten ontwierp, is gebaseerd op een traditionele stadsopvatting in de lijn van H.P. Berlage en K.P.C. de Bazel. Straten, pleinen en huizenblokken maken een herkenbare stadsruimte. De architectonische uitwerking - licht van kleur en van detaillering - moet de buurt een optimistische uitstraling geven. Door de toepassing van kleine portieken en de bijzondere behandeling van de blokhoeken wordt de scheiding openbaar/privé gerelativeerd.

Amsterdam: Nieuw-Sloten, 1992-1996
The neighbourhood designed by Hans Ruijssenaars (of the architectengroep) for the expansion area Nieuw-Sloten, is based on a traditional urbanist approach à la H.P. Berlage and K.P.C. de Bazel. Streets, squares and housing blocks create a recognizable urban space. The architectural elaboration - light in both colour and detailing - is intended to give the neighbourhood an optimistic feel. The use of small porches and the special treatment of the corners of the blocks serves to soften the public/private divide.

ongesubsidieerde huur- en koopwoningen bevatten. Dat daarbij het gelijkheidsbeginsel van stapelbouw van identieke woningen is verlaten, is logisch te verklaren uit de prijsverschillen. Dat er ook een onmiskenbaar onderscheid wordt gemaakt tussen de eerste en tweede rang wat betreft ligging, uitzicht en zon, is - althans voor Nederland - nieuw. Nergens is dat onverhulder dan in het woongebouw Piraeus van Kollhoff en Rapp, maar elders is het gelijkheidsprincipe eveneens ver te zoeken. Niet alleen vanwege de harde economische werkelijkheid, ook uit esthetische overwegingen waarbij de compositie van de gevel dominant is over de woningplattegrond. De aanwezigheid van een balkon of raam op een bepaalde plaats kan ondergeschikt worden gemaakt aan het praktische gebruik.

De belangrijke plaats die de gevel in de huidige architectuur als zelfstandig element heeft, roept herinneringen op aan de gevelbehandeling ten tijde van de Amsterdamse School. In sommige woningbouwprojecten zijn zelfs directe referenties aan deze expressionistische architectuur terug te vinden, zoals in het project van Geurst & Schulze aan de Rijswijkseweg in Den Haag. De zelfstandigheid van de gevel komt verder vooral tot uitdrukking wanneer deze is benaderd als scherm, zoals in de seniorenhuisvesting van Wiel Arets in Maastricht, het Herdenkingsplein in dezelfde stad van Mecanoo en Boosten Rats of de glazen façade met daarachter het gecapitonneerde isolatiemateriaal van Meyer & Van Schooten in de Amsterdamse Mercatorbuurt.

In de nadruk die de gevel krijgt, laat zich de wil tot esthetiseren herkennen die, zoals door Hans van Dijk is betoogd, de laatste jaren prominent aanwezig is in de Nederlandse architectuur. Zelfs als nuchter gesteld wordt dat het praktisch en fraai vervullen van het programma in de architectuur van alle tijden is, kan niet worden ontkend dat heden ten dage werkelijk alles wordt aangeraakt door de staf van esthetische tovenaars. Dit uit zich in een enorme variatie aan vormen, kleuren en materialen - die ook in de meeste hier opgenomen werken overheerst - waarmee de individualiteit

of forms, colours and materials - witness most of the works featured here - which serves to optimize the individuality of the neighbourhood, block or dwelling and to minimize the similarities at each level.

Neutrality

Housing construction with a maximum of variation is being counterbalanced by the emergence of an architecture that deliberately eschews outward variation in favour of a uniform, more or less monochrome and monolithic, plain, geometric basic form. It appears in the work of Kollhoff and Rapp, Frits van Dongen, De Nijl, Jacq. de Brouwer, Van Sambeek & Van Veen, Maccreanor+Lavington and to a lesser degree in that of DKV, Claus and Kaan or Kees Christiaanse. In some respects the restrained exterior and generally closed façade lend this architecture a certain anonymity, although the distinguished appearance prevents it from being truly inconspicuous. Yet this simple basic form may, certainly in sizeable buildings, conceal an enormous variety of dwelling types; a complexity that is in sharp contrast with the outward simplicity. The anonymity of the individual dwelling can be seen as an extreme form of individualization that is not confined to the monolithic block. It is also nicely expressed in the patio dwelling precisely because the closed character of the façade serves largely to conceal from view the life going on behind it.

Variation in dwelling type within a single building has been a recurrent theme in Dutch housing ever since the realization of the IJ square in Amsterdam-Noord in the 1980s, based on a masterplan drawn up by OMA. The row-house architecture that was OMA's own contribution to the actual development is an accumulation of different types of access, with straight-run stairs connecting front porches to a top-floor gallery at the rear. Compared with the developments of recent years this early exercise in typological variety was relatively modest. These days housing blocks often boast a spectacular

van buurt, blok of woning optimaal tot uitdrukking wordt gebracht en de gelijkenissen op ieder niveau zoveel mogelijk zijn teruggeschroefd.

Neutraliteit

De woningbouw met maximale variëteit vindt een tegenwicht in de opkomst van architectuur waarin uiterlijke variatie bewust is vermeden en gekozen is voor een uniforme, min of meer monochrome en monolitische, eenvoudige, geometrische hoofdvorm. Dit is te vinden bij Kollhoff en Rapp, Frits van Dongen, De Nijl, Jacq. de Brouwer, Van Sambeek & Van Veen, Maccreanor+Lavington en in iets mindere mate bij DKV, Claus en Kaan of Kees Christiaanse. In bepaalde opzichten heeft deze architectuur door het terughoudende uiterlijk en de veelal gesloten gevel iets anoniems, zij het dat de gedistingeerde verschijning verhoedt dat ze werkelijk onopvallend is. Achter deze simpele hoofdvorm kan echter, zeker bij omvangrijke gebouwen, een groot aantal woningtypen schuilgaan; een complexiteit die sterk contrasteert met de uiterlijke eenvoud. De anonimiteit van de afzonderlijke woning is op te vatten als een extreme vorm van individualisering, die behalve in het monolitische blok ook in de patiowoning een pregnante expressie krijgt, juist doordat de geslotenheid van de gevels het leven dat zich daarachter afspeelt, grotendeels aan het zicht onttrekt.

De variatie aan woningtypen binnen een enkel gebouw is een terugkerend thema in de Nederlandse woningbouw, sinds begin jaren tachtig in Amsterdam-Noord het IJ-plein naar stedenbouwkundig ontwerp van OMA tot stand is gekomen. De strokenarchitectuur die OMA hier heeft gerealiseerd, is een opeenstapeling van verschillende ontsluitingen met doorschietende trappen, portieken en een galerij. Vergeleken met de ontwikkelingen van de laatste jaren, was de typologische variatie destijds nog relatief beperkt. Vandaag de dag is binnen een woongebouw een spectaculaire rijkdom aan

abundance of access strategies and dwelling types, although the dwellings themselves in such cases are often neutral in the extreme.

The typological proliferation of recent years also manifests itself in the revival of various genres and the appearance of a few new ones. For example, the patio dwelling that was all the rage in the Netherlands during the 1960s, is currently making a remarkable come back and the same applies to another type of dwelling that enjoyed popularity during that same period of prosperity: the drive-in house. Today's drive-in house usually has an underground garage so that the living room is at garden level and not on the first floor as was the case in the original 1960s model. However, the old version has not quite died out: the drive-in houses designed by Willem Jan Neutelings and Kees Christiaanse have the garage in the basement but in those by Babet Galis in Amersfoort the garage is at ground level.

The maisonette, a dwelling type that was part of the standard repertoire of post-war modern architecture, is now, after a period of quiescence in the 1970s, very much in vogue again. Along with the maisonette, moreover, the void and the entresol have been rediscovered.

Finally, the compact tower block, with an average of four dwellings per floor, has once again been accorded a prominent place in contemporary housing. A low-rise version - dubbed 'urban villa' - was all the rage in the 1980s. Like the complex internal typology of the housing block, the urban villa was already present in embryonic form in the IJ square development. There are of course precedents for such towers in the less recent past but the urban villa in its present form made its debut in Hein van Meer's project in Amsterdam-Noord.

In terms of floor plan, the urban villa has recently acquired a rival: the compact high-rise. Examples of such buildings are DKV's towers in the Afrikaander district in Rotterdam and Wiel Aret's black tower on KNSM island in Amsterdam. These and many other tower blocks that are particularly prevalent in the western part of the Netherlands

Den Haag: Kavel 25, 1989-1992
Tussen de voorbeeldprojecten langs de Dedemsvaartweg ontwierpen Kees Christiaanse en Art Zaaijer dit vernieuwende blok. Achter de anonieme straatgevel gaat een ongebruikelijke diversiteit aan woning- en ontsluitingstypen schuil (galerij, portiek en corridor). De stedelijke dynamiek is hiermee binnen het autonome blok getrokken.

Den Haag: Kavel 25, 1989-1992
Among the model projects along Dedemsvaartweg, stands this innovative block designed by Kees Christiaanse and Art Zaaijer. The anonymous street elevation conceals an unusual diversity of housing and access types (gallery, porch and corridor). Here urban vitality has penetrated the autonomous block.

ontsluitingsprincipes en woningtypen terug te vinden, waarbij de woningen zelf vaak weer uitermate neutraal zijn.

De typologische verrijking van de laatste jaren manifesteert zich ook in de revival van verscheidene genres en de opkomst van een enkel nieuw genre. Zo maakt de patiowoning die in de jaren zestig in Nederland een kortstondige populariteit genoot een opmerkelijke *come back* en hetzelfde geldt voor het type woning dat eveneens in die jaren van overvloed populair was: de drive-in woning. De huidige drive-in heeft meestal een ondergrondse garage waardoor de woonkamer op het niveau van de tuin ligt en niet op de eerste verdieping zoals bij de conventionele variant uit de jaren zestig het geval is. Beide varianten komen echter voor: de drive-in woningen van Willem Jan Neutelings en Kees Christiaanse hebben de garage in de kelder en bij die van Babet Galis in Amersfoort is de garage op de begane grond gesitueerd.

De maisonnette is een type woning dat in de naoorlogse moderne architectuur tot het standaardrepertoire van de woningbouwarchitect behoorde en na een stil bestaan in de jaren zeventig weer helemaal is teruggekeerd. Met de maisonnette zijn bovendien de vide en de insteekverdieping herontdekt.

Ten slotte heeft in de hedendaagse woningbouw de compacte toren met per verdieping gemiddeld vier woningen een prominente plaats gekregen. In een lage variant maakte deze onder de naam urban villa in de jaren tachtig furore. Evenals de complexe typologie binnen een gebouw, is ook de opmaat van de urban villa reeds op het IJ-plein aanwezig. Voor dergelijke torens bestaan weliswaar precedenten in het iets minder nabije verleden, maar in zijn huidige vorm deed de urban villa zijn intrede in het project van Hein van Meer in Amsterdam-Noord.

De afgelopen jaren heeft de urban villa een evenknie gekregen in de wat plattegrond betreft vergelijkbare compacte hoogbouw. Voorbeelden daarvan zijn de torens van DKV in de Rotterdamse Afrikaanderbuurt en de zwarte toren van

indicate that a new market has opened up for high-rise. In the wake of large-scale high-rise construction of the 1960s, living in the clouds seemed to have lost all its charms but in the 1990s there is once again a certain cachet attached to an apartment on the nth floor.

The high-rise housing blocks complete the multifaceted panorama of Dutch housing in the first half of the 1990s. It is of course difficult to see these years as a well-rounded era, but it is already clear that the prevailing mood is one of relativism. Although this tends to take the edge off every potential contrast, it also makes for a liberating sense of opportunity: the most divergent approaches are granted equal standing, nothing is excluded in advance and everything seems possible.

Hans Ibelings

Wiel Arets op het KNSM-eiland in het Oostelijk Havengebied in Amsterdam. Deze en vele andere woontorens die vooral in het westen van het land op vele plaatsen verrezen, duiden erop dat voor hoogbouw weer een markt is ontstaan. Na de grootschalige hoogbouw uit de jaren zestig leek hoog wonen iedere bekoring te hebben verloren, maar in de jaren negentig heeft zelfs het appartement op de zoveelste verdieping opnieuw allure gekregen.

De hoge woongebouwen completeren het veelzijdige panorama van de Nederlandse woningbouw in de eerste helft van de jaren negentig. Het is moeilijk om deze jaren als een afgerond tijdperk te zien, maar duidelijk is dat het relativisme de boventoon voert. Dit leidt er weliswaar toe dat iedere potentiële tegenstelling zijn scherpte kwijtraakt, maar anderzijds levert het ook een bevrijdende ruimte op: de meest uiteenlopende benaderingen wordt een gelijkwaardige plaats gegund, niets wordt bij voorbaat uitgesloten en alles lijkt mogelijk.

Hans Ibelings

De drive-in woning in Nederland
Drive-in Houses in the Netherlands

Van de aanvang af heeft de moderne architectuur een bijzondere relatie met de automobiel gehad. De auto staat model voor een geperfectioneerde productietechniek waar het bouwbedrijf een voorbeeld aan kan nemen en vormt zelf ook een belangrijk programmapunt voor het luxere woonhuis; hier zijn opvattingen over mobiliteit en de relatie van de bewoner tot de buitenwereld in het geding.

Sinds Le Corbusier is de inpandige garage niet louter het moderne equivalent van rijtuigstallen, een bergplaats voor een kostbaar gebruiksgoed, maar een directe uiting van de moderniteit van de bewoner. Niet langer heerst de traditionele scheiding tussen woning en transportmiddel, waarbij de stoep of het bordes de plaats van uitwisseling tussen personen en goederen is; de auto penetreert tot diep in de woonstee, waardoor opname en afgifte van mensen en waren geheel intern geschiedt. De garagedeur vormt in die opzet de feitelijke entree tot de woning. Mobiliteit hoort bij het huis, maakt er deel van uit en bepaalt mede de vorm. De bewoners van de eerste drive-in woningen in Nederland (A. van Dijckstraat, Amsterdam; ontwerp Willem van Tijen, Mart Stam en Lotte Beese, 1935-1937) moeten zich destijds wel heel modern hebben gevoeld.

Een grote vlucht heeft het type sindsdien niet genomen, al werden tot begin jaren zeventig redelijk wat drive-in woningen gebouwd. Conventionele opvattingen over de wenselijkheid van een (voor)tuin, over een directe relatie tussen woning en straat en over het ongezellige karakter van een garagedeur als entree of voorgevel, hielden de verbreiding lange tijd tegen. Dat veranderde onder druk van de stijgende grondprijzen, het toenemende autobezit en het zoeken naar compacte verkavelingen. In uitbreidingswijken werkte de grondreservering voor openbare parkeervoorzieningen steeds zwaarder door in de huur- en koopprijzen. De oplossing hiervoor was een andere verdeling en bestemming van de dure grond: annexatie van de voortuin tot privéparkeerplaats in het goedkoopste segment, en een carport of inpandige garage in de duurdere woningklassen.

Modern architecture has from its very inception had a special relationship with the automobile. The car epitomizes a perfected production technique worthy of emulation by the building industry and is also an important point of discussion in the design of more expensive dwellings; opinions about mobility and the relation between the occupant and the outside world are at issue here.

With Le Corbusier, the built-in garage ceased to be just the modern equivalent of the coach house, a repository for a costly possession, and became an explicit manifestation of the occupant's modernity. The traditional separation between dwelling and means of transport, where the exchange between people and goods takes place on the pavement or the front steps, is a thing of the past; the car penetrates deep into the private abode so that admission and delivery of people and goods becomes a wholly internal matter. In this scheme of things the garage is to all intents and purposes the entrance to the dwelling. Mobility goes with the house, is part of it and helps to determine its form. The occupants of the first drive-in houses in the Netherlands (A. van Dijckstraat, Amsterdam; design by Willem van Tijen, Mart Stam and Lotte Beese, 1935-1937) must have thought themselves very modern indeed.

Since that time the type has failed to achieve widespread popularity, despite the fact that a fair number of drive-in houses were built up to the early 1970s. For a long time conventional ideas about the desirability of a front (or back) garden or a direct relationship between dwelling and street and about the cheerlessness of a garage door as front door or frontage, prevented it from catching on. This all changed as a result of rising land prices, increased car ownership and the search for compact subdivisions. In the expansion areas, land set aside for public parking sent rental and purchase prices into an upward spiral. The solution was a different approach to the subdivision and allocation of expensive land: annexation of the front garden for a private parking space in the cheapest segment, and a carport or internal garage in the more up-market dwellings.

Voor de woningplattegronden is een uniforme legenda toegepast, zie pagina 158.
A uniform legend has been used for all the floor plans, see page 158.

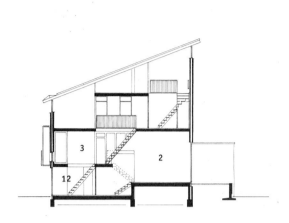

Rudy Uytenhaak: Zaaneiland, Zaanstad, 1993-1996

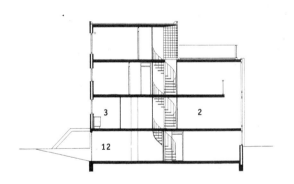

Kees Christiaanse: terrein *site* Hollandia, Schiedam, 1991-1994

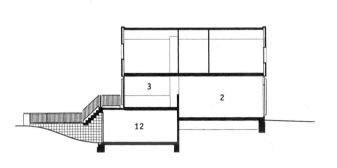

W.J. Neutelings: De Pontplein, Tilburg, 1993-1996

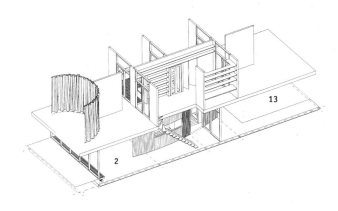

Teun Koolhaas Associates: Distelvlinderweg, Diemen, 1992-1994

Maccreanor+Lavington: Zaaneiland, Zaanstad, 1993-1996

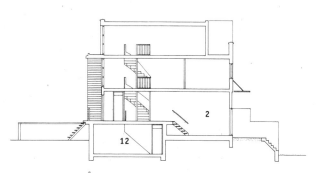

Duinker, van der Torre: Watermaalpad (Nieuw-Sloten), Amsterdam, 1993-1996

Bij de recent gebouwde drive-in woningen spelen meer argumenten. Zo vormt een bijzonder uitzicht, een dijk of niveauverschil vaak de aanleiding voor het 'opgetilde' wonen; vrij uitzicht geeft dan de doorslag. Daarnaast wint de minder op buurt- en burencontact gerichte manier van wonen - anoniem verschanst achter en boven de garagedeur - aan populariteit, waarbij het gevoel van (on)veiligheid een belangrijk argument is.

Frappant is de herontdekking van de bel-etage. Door de garage half in te graven, ontstaat een meer afstandelijke relatie met de straat dan bij het rijtjeshuis, terwijl de woonvertrekken met een klein bordestrapje toch direct toegankelijk zijn. De split-level opzet van deze variant levert bovendien extra ruimtelijke mogelijkheden op voor het interieur, mogelijkheden die in de hier getoonde voorbeelden prompt zijn aangegrepen. Een stap verder, de integratie van de auto in het interieur zoals recent in een enkele villa en de patio-woningen van Kas Oosterhuis is gedemonstreerd, gaan deze ontwerpen nog niet. Wel wordt in het project van Teun Koolhaas Associates in Diemen een merkwaardige combinatie van conventionaliteit en radicaliteit gedemonstreerd door de garages daadwerkelijk de entree tot de woning te laten vormen, zij het dat deze zonder deur en zijwanden zijn uitgevoerd.

In hoeverre sociaal milieubesef een factor is bij de huidige populariteit van de drive-in woning, valt moeilijk te zeggen. Maar het argument van weleer, een auto is te kostbaar om gewoon op straat te laten staan, lijkt te worden vervangen door de opvatting: je kunt het je omgeving toch eigenlijk niet aandoen, zo'n obstakel in de straat. (A.O.)

In the more recent drive-in houses there are more arguments at play. For example, an especially fine view, a dike or difference in height is often grounds for a 'raised' dwelling, in which case an unobstructed view is the deciding factor. In addition to this, more and more people are adopting a new mode of living - anonymously barricaded behind or above the garage door - that is less focused on contact with neighbourhood and neighbours and where the sense of (in)security plays an important role.

One remarkable development is the rediscovery of the bel-etage. If the garage is half-submerged, the relationship with the street is more aloof than in the terraced house set-up, yet the living area can still be reached directly via a short flight of steps. The split-level layout of this variant also generates additional spatial possibilities in the interior, possibilities that have been gratefully exploited in the examples shown here. But these designs have not yet taken the next step - recently demonstrated in one or two villas and in Kas Oosterhuis's patio dwellings - of integrating the car into the interior. On the other hand, the project in Diemen by Teun Koolhaas Associates demonstrates a remarkable combination of conventionality and radicalism by making the garage the real entrance to the dwelling, albeit a garage with neither door nor side walls.

It is difficult to say to what extent the current popularity of the drive-in house is motivated by altruistic environmental awareness. But it does seem as if the old argument, that a car is too valuable to be left out in the street, is giving way to another notion: cluttering up the neighbourhood by parking in the street is just not on. (A.O.)

De ratio achter de patio *The Rationale of the Patio Dwelling*

Erg populair is de patiowoning nooit geweest in Nederland. Van oudsher is het wonen hier gericht op de straat en onderhoudt de woning een transparante relatie met de buitenwereld. Dit kan, behalve door sociaal-maatschappelijke verhoudingen, worden verklaard door het klimaat en de breedtegraad; de gematigde weersomstandigheden maken een transparante gevel mogelijk en de hoeveelheid (zon)licht een groot glasoppervlak wenselijk. Het is karakteristiek dat patiowoningen uit de jaren zestig en zeventig vaak een open relatie met de straat hebben; grote glaspuien in plaats van de gesloten straatgevel die het type in oorsprong kenmerkt.

Het onderzoek eind jaren tachtig naar de manier waarop in laagbouw grotere woningdichtheden te realiseren zouden zijn dan de gebruikelijke 35 tot 45 woningen per hectare, bracht de patiowoning opnieuw onder de aandacht. Door de mogelijkheid met dit type onder meer rug-aan-rug schakelingen te maken, kunnen de grond- en infrastructuurkosten gedrukt worden; dichtheden van zo'n 65 woningen per hectare zijn dan haalbaar. Compacte schakelingen aan nauwe stegen blijken nu, in weerwil van de licht-lucht-zon traditie, wel aanvaardbaar. Individuele levensstijlen en een gearticuleerde behoefte aan privacy hebben de vraag naar stedelijke woonvormen doen toenemen.

Binnen het type patiowoning zijn er grote verschillen tussen de diverse projecten. In sommige plannen gaat het om woningen rond een van de buitenwereld afgesloten hof die het predikaat patio meekrijgen; licht verdichte rijtjeshuizen. Een voorbeeld is het project van Claus en Kaan in Groningen, waarbij de spanning tussen het introverte karakter van de woningen (de voorgevel is vrijwel geheel gesloten) en de als sociale ruimte opgevatte stegen (de ingemetselde bankjes) opmerkelijk is. Aan de andere kant van het spectrum staat het plan van Kas Oosterhuis. Deze 'echte' rug-aan-rug woningen zijn elk voorzien van een voorhof (tevens parkeerplaats voor de auto) die schuilgaat achter een manshoge schutting. Hier is het wonen naar binnen gekeerd en blijft de relatie tot de buitenwereld beperkt tot bel, brievenbus en huisnummer.

The patio dwelling has never been terribly popular in the Netherlands where home life has traditionally been focused on the street and where the dwelling maintains a transparent relationship with the outside world. Social relationships aside, the explanation lies in the country's climate and latitude: the moderate weather conditions permit a transparent façade and the amount of light/sunlight renders a large expanse of glass desirable. Most of the patio dwellings built in the 1960s and 1970s were characterized by an open relation with the street: large glazed fronts instead of the closed street frontage typical of the original type.

Research carried out in the late 1980s into ways of achieving higher densities with low rise than the customary 35 to 45 dwellings per hectare, turned the spotlight on the patio dwelling once again. The back-to-back arrangement offered by this type makes it possible to reduce land and infrastructure costs and to achieve densities in the order of 65 dwellings per hectare. Compact configurations threaded by narrow alleyways seem to be acceptable nowadays, the Dutch air-light-sun tradition notwithstanding. Individual lifestyles and an articulated need for privacy have increased the demand for urban forms of living.

The patio dwelling type displays considerable diversity from one project to another. In some plans the designation patio dwelling is accorded to dwellings grouped around a strictly private inner courtyard - a slightly condensed form of terraced housing. One example of this is Claus and Kaan's project in Groningen where the tension between the introverted character of the dwellings (the front elevation is almost entirely blank) and the alleyways that are conceived as social spaces (the bricked-in benches) is striking. At the other end of the spectrum is Kas Oosterhuis's plan. These 'genuine' back-to-back houses all have a forecourt (that doubles as a parking space) hidden behind a man-sized fence. Domestic life here is completely inner-directed and the relationship with the outside world is restricted to bell, letterbox and a street number.

Rudy Uytenhaak: Turnhoutplantsoen (Nieuw-Sloten), Amsterdam, 1989-1992

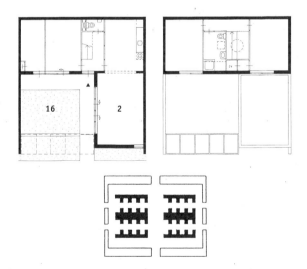

Van Sambeek & Van Veen: Ukkelhof (Nieuw-Sloten), Amsterdam, 1993-1996

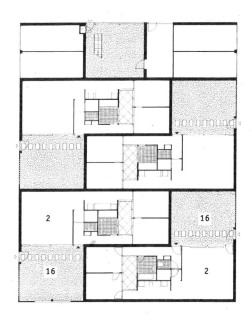

Mecanoo: Dedemsvaartweg, Den Haag, 1989-1992

Kas Oosterhuis: Dedemsvaartweg, Den Haag, 1989-1992

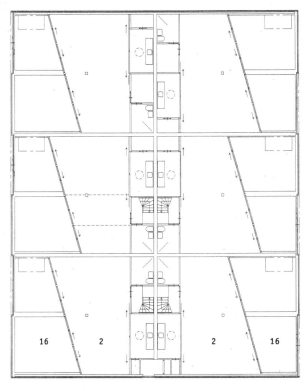

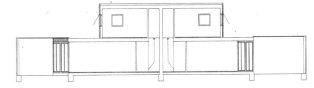

In het algemeen passen de patiowoningen in de tendens 'steniger' stadswijken te maken, waarin het onderscheid tussen openbaar en privé scherp en eenduidig is geregeld. (A.O.)

Generally speaking patio dwellings are part of the move away from garden cities towards more urban neighbourhoods where there is a clear and unambiguous distinction between public and private. (A.O.)

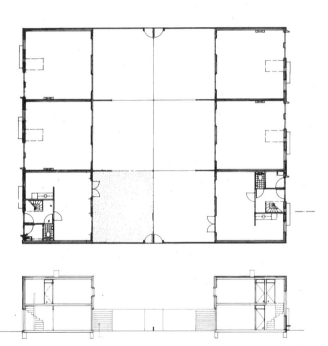

Claus en Kaan: Landsteinerlaan (Hoornse Meer), Groningen, 1991-1993

Seniorenhuisvesting *Accommodation for the Elderly*

Sinds de Tweede Wereldoorlog heeft de bouw van bejaarden-tehuizen in Nederland een enorme vlucht genomen. Een hoogtepunt in aantallen tehuizen voor ouden van dagen werd bereikt in de jaren zestig en zeventig. Daarna nam het animo voor deze woonvorm geleidelijk af. Het klassieke bejaarden-tehuis is typologisch gezien verwant met het hotel en het ziekenhuis: langs middengangen liggen kamers met natte cel en pantry, en gemeenschappelijke voorzieningen zijn centraal gesitueerd.

Met de opkomst van nieuwe generaties mondige en on-afhankelijke ouderen is behoefte ontstaan aan geheel of grotendeels zelfstandige vormen van huisvesting, waarvoor nieuwe typologieën zijn ontwikkeld. De huidige behoefte aan andere vormen van ouderenhuisvesting is des te groter door de omvang van de als senioren aangeduide generaties. Daar-toe worden ook de nog jonge vijftigers en zestigers gerekend die (vroeg-)tijdig met werken zijn gestopt. Vooral deze laatste groep, die zelden van zorg en hulp afhankelijk is en vaak een relatief hoog inkomen heeft, vormt een factor van betekenis op de markt voor goede maar niet per se grote woningen. Het luxe appartement waar, behalve aan comfort, extra aandacht is besteed aan (inbraak-)beveiliging, is niet uitsluitend bedoeld voor senioren maar appeleert wel aan het latente onveiligheidsgevoel van deze categorie bewoners.

Eigen aan de specifiek voor senioren bestemde huis-vesting is de ruim gedimensioneerde verkeersruimte die in grote lijnen twee vormen aanneemt: de beschutte en door-gaans (grotendeels) afgesloten brede galerij en het atrium met annex de wintertuin. Deze verkeerszones bieden een aangename bescherming tegen kou en wind en doen dienst als plaats voor ontmoetingen en sociaal contact, geheel in de traditie van het Forum-gedachtengoed op de drempel van het privédomein en de openbare ruimte.

De brede galerij die als binnenstraat fungeert, is gebrui-kelijk bij strokenbouw. In de eenvoudigste vorm is deze terug te vinden bij Claus en Kaan in Groningen. Complexere uitwer-kingen ervan zijn toegepast in het project van Mecanoo in

After the Second World War there was a veritable boom in the construction of old people's homes in the Netherlands. Numbers peaked in the 1960s and 1970s but thereafter the enthusiasm for this housing type started to wane. Typo-logically, the classic old people's home is related to the hotel and the hospital: rooms with bathroom and pantry ranged along central corridors, and centrally located communal services.

The rise of new generations of emancipated and inde-pendent elderly people has been accompanied by a demand for wholly or largely autonomous forms of accommodation. New typologies have been developed to meet this need. The current demand for other forms of accommodation for the elderly is all the greater because of the changing definition of 'elderly'. Nowadays it includes still active fifty- and sixty-year-olds who have taken early retirement. This last group in particular, whose members are seldom dependent on care and help and who often enjoy a relatively high income, is a significant factor in the market for good quality but not necessarily large dwellings. The luxury apartment where, apart from comfort, extra attention is paid to burglar alarms and general security, is not intended solely for the elderly but does appeal to the latent sense of insecurity felt by this category of resident.

A typical feature of dedicated accommodation for the elderly is the generously proportioned circulation zone. Generally speaking this takes one of two forms: a sheltered and usually (largely) closed, wide gallery or an atrium-cum-winter garden. These circulation zones offer pleasant protection against the cold and wind and serve as an area for encounters and social contact; entirely in line with the old Forum ideas, they operate on the threshold between the private domain and public space.

The broad gallery, which functions as an indoor street, is the preferred option in row housing. It can be seen in its simplest form in Claus and Kaan's project in Groningen. More complex versions have been employed by Mecanoo in Nijmegen and by Wiel Arets in Maastricht. The arrangement of dwellings

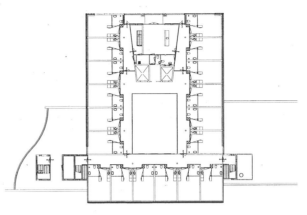

AAS: Molukkenplantsoen, Groningen, 1991-1995

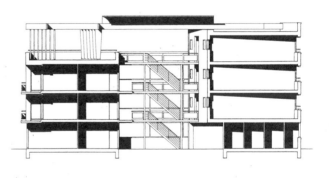

Duinker, van der Torre: Van Foreestweg, Delft, 1992-1995

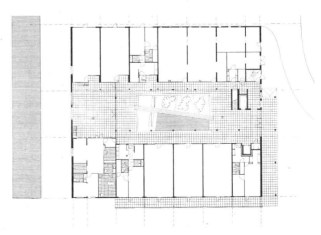

Karelse Van der Meer: M.A. de Ruijterstraat, Spijkenisse, 1992-1995

Mecanoo: Lestonnacstraat, Nijmegen, 1989-1994

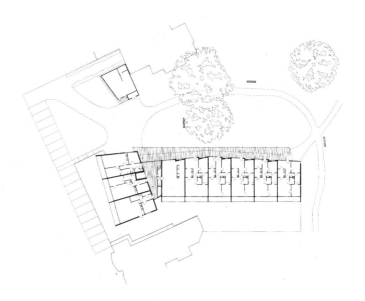

Wiel Arets: Fons Olterdissenstraat, Maastricht, 1993-1995

Nijmegen en van Wiel Arets in Maastricht. De rangschikking rond atria is gebruikt door Karelse Van der Meer in Spijkenisse, door Duinker, van der Torre in Delft en in de Amersfoortse wijk Kattenbroek aan de Laan der Hoven. In het laatste geval overigens zonder dat het uitsluitend om seniorenhuisvesting gaat. Het atrium wordt vooral toegepast bij dubbele stroken of combinaties van stroken en L-vormige gebouwdelen. Kenmerkend is dat het atrium een open karakter heeft en zelden door U-vormige bebouwing wordt omgeven. (H.I.)

around an atrium has been used by Karelse Van der Meer in Spijkenisse, by Duinker, van der Torre in Delft and on Laan der Hoven in the Kattenbroek district in Amersfoort, although the last scheme was not aimed exclusively at the elderly. The atrium is employed chiefly in double row housing or where rows are combined with L-shaped blocks; it usually has an open character and is seldom surrounded by U-shaped buildings. (H.I.)

Claus en Kaan: Landsteinerlaan (Hoornse Meer), Groningen, 1991-1993

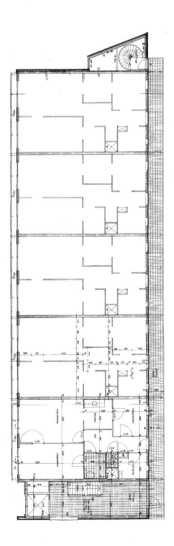

Woontorens: zicht op uitzicht
Tower Blocks: A Prospect in View

In Nederland zijn de grondprijzen, in tegenstelling tot de grondwaterstanden, nooit hoog geweest. Als er hier woontorens zijn voorgesteld, tot op heden steevast in de sompigste delen van ons land, is dat vanuit een stedenbouwkundig of stadsesthetisch oogpunt gebeurd: de wil tot verlichting (sociaal en ruimtelijk), de wil tot verdichting, de wil tot functiemenging en de wil een driedimensionaal stadsbeeld te ontwikkelen. Zo waren de voorstellen uit de jaren twintig en dertig voornamelijk gericht op het openleggen van de stadsruimte en het bevrijden van de burger uit de benauwende negentiende-eeuwse stad, en lieten de jaren vijftig een meer compositorische benadering zien, gekoppeld aan een genuanceerdere sociaal-ruimtelijke opzet. De torens uit de jaren negentig beantwoorden echter aan andere verlangens en doelstellingen. Meer dan ooit staan ze voor een gewenst stedelijk, om niet te zeggen metropolitaan karakter van de omgeving waarin ze verrijzen. Een echte stad heeft torens, dat denkbeeld floreert nog steeds. Het geldt niet alleen voor het centrum, maar ook voor de uitbreidingswijken waar een of meer torens de herkenbaarheid van de wijk en het niet-truttige karakter moeten garanderen.

Het huidige enthousiasme voor torens is opmerkelijk. De aversie tegen de vaak drastische ingrepen in de stad uit de jaren vijftig en zestig en het bloedeloze karakter van de vele flats in de uitbreidingswijken uit die tijd, heeft ervoor gezorgd dat in de periode 1975-1985 een waar moratorium op hoogbouw gold. Nog begin jaren tachtig werden voorstellen voor (woon)torens steevast gekleineerd, dat wil zeggen door de gemeente met een aantal verdiepingen verlaagd. Tien jaar later is de vraag veeleer of het niet wat hoger kan.

Typologisch en wat betreft architectonische expressie verschillen de huidige woontorens vaak aanzienlijk van hun voorgangers uit de jaren zestig. De simpele rechthoek als plattegrond heeft plaatsgemaakt voor meer complexe grondvormen (wig, waaier, cirkelsegmenten) en de recht-toe-recht-aan stapeling van vloeren voor een meer verhullende gevelbehandeling die de *Grossform* accentueert. De renovatie

In the Netherlands land prices, unlike groundwater levels, have never been high. Whenever tower blocks are suggested here, invariably in the soggiest parts of the country, it has always been from the standpoint of urban planning or aesthetics: the desire for relief (social and spatial), the desire for a mixture of functions and the desire to develop a three-dimensional townscape. Proposals made during the 1920s, for example, were mainly directed at opening up the urban space and emancipating the citizen from the claustrophobic nineteenth-century city, while those put forward in the 1950s were more compositional in approach and aimed at achieving a more balanced social/spatial organization. The towers of the 1990s, on the other hand, satisfy different requirements and aims. More than ever they represent the urban, not to say metropolitan, character aspire to in the area where they arise. The notion that 'a real city has towers' lives on and nowadays it applies not only to the city centre but also to the expansion areas, where one or more towers is supposed to guarantee the district's recognizability and save it from the stigma of provinciality.

The current enthusiasm for towers is remarkable. The aversion to the often drastic interventions in the city in the 1950s and 1960s and the bloodless character of the many housing blocks built in overspill areas at that time, prompted a veritable moratorium on high-rise during the period 1975-1985. Even as recently as the early 1980s, proposals for towers, residential and otherwise, were invariably cut down to size by local councils lopping off a few floors. Ten years later they are more likely to be asking whether the tower can be a bit higher.

Typologically and in terms of architectural expression, today's tower blocks often display considerable differences from their 1960s predecessors. The simple square plan has made way for more complex plan forms (wedge, fan, circle segment), and the straightforward stacking of floor upon floor for a more concealing façade treatment that accentuates the Grossform. The conversion of student dormitory towers in Diemen to youth accommodation in the late 1980s is an almost

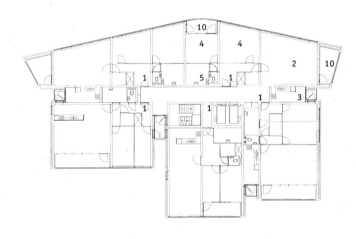

Wiel Arets: 63 meter hoog en 20 woonlagen, KNSM-laan, Amsterdam, 1990-1996
63 metres high and 20 storeys

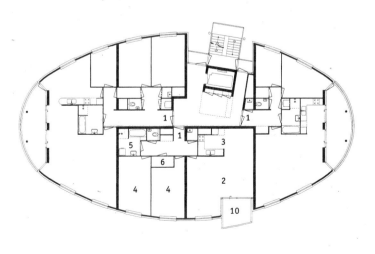

Atelier PRO: 48 meter hoog en 16 woonlagen, Ardennenlaan (Nieuw-Sloten),
Amsterdam, 1990-1994 *48 metres high and 16 storeys*

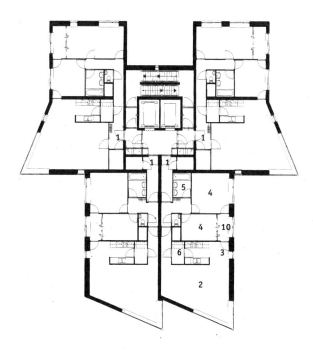

Pi de Bruijn (de Architekten Cie.): 105 meter hoog en 30 woonlagen, Beursplein, Rotterdam, 1991-1996 *105 metres high and 30 storeys*

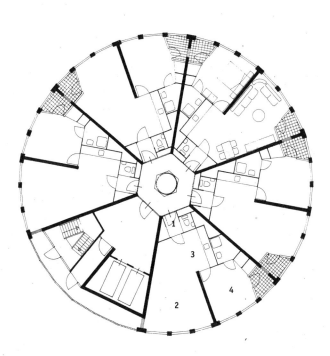

Wladimir Roemjantsew (Groep 5): 70 meter hoog en 16 woonlagen, Prins Bernhard-viaduct, Den Haag, 1984-1987 *70 metres high and 16 storeys*

eind jaren tachtig van studententorens in Diemen tot jongerenhuisvesting illustreert op haast symbolische wijze deze veranderde benadering. De volstrekt ondramatische vierkante bakstenen torens met per verdieping een betonnen band in de gevel werden van isolatiepleister en kleur voorzien. Nu staan aan de stadsrand vier verschillende, gekleurde objecten waaraan de toegevoegde, licht hellende noodtrappenhuizen een dramatisch accent geven.

Dit centraal stellen van het beeld is aan de Amersfoortse toren van Atelier PRO (1993) goed afleesbaar. De vorm van de toren is alleen vanuit stedenbouwkundige overwegingen te begrijpen: een luchtige, alzijdig georiënteerde torenspits voor het winkelcentrum. De woningen hebben hierbinnen een plaats gekregen. *Skydome* op het KNSM-eiland van Wiel Arets is in dat opzicht ambigu. De vorm van het gebouw laat zich lezen als een samenstel van afzonderlijke plattegronden; een cluster van vijf torens met elk een woning per laag, analoog aan het principe van de gotische bundelpijler. De symmetrische opzet doet echter een meer formalistisch uitgangspunt vermoeden. In de Rotterdamse toren van Pi de Bruijn (de Architekten Cie.) is ook deze spanning tussen woning en gebouwvorm aanwezig.

Uitgesproken formalistisch is de pionier onder de nieuwe lichting woontorens: de ronde toren naast het Haagse Centraal Station met sociale woningbouw en een restaurant in de top. Plotseling stond deze pyloon daar, temidden van het Haagse kantoren- en vervoerslandschap, een pure demonstratie dat het best kon in de stad, zo'n woontoren. Toch was dit aanvankelijk - vanwege de curieuze plek en context - een incident.

Belangrijker voor de discussie over de mogelijkheden en de kwaliteit van architectuur en stedenbouw in de stad, was het stralende Hillekopproject van Mecanoo op de Kop van Zuid (1985-1989). Stadsvernieuwing was tot dan toe haast vanzelfsprekend gesloten of halfopen blokbebouwing van vier of vijf lagen zonder lift. In 1979 had Rem Koolhaas met zijn stedenbouwkundig plan voor het IJ-plein in Amsterdam nog

symbolic illustration of this change of approach. These totally undramatic square brick towers, relieved only by a concrete band in the façade at each floor were provided with insulating plaster and colour. Now this site on the urban periphery boasts four different coloured objects with an added dramatic touch in the form of slightly raked emergency stairs.

This focus on appearance is very noticeable in the Amersfoort tower designed by Atelier PRO (1993). The form can only be understood in terms of urban design considerations: an airy, all-round spire for the shopping centre. The dwellings it contains are of secondary importance. Wiel Arets's Skydome on KNSM island is ambiguous in this respect. The form of the building can be read as a collection of separate ground plans; a cluster of five towers each with one dwelling per floor, analogous to the principle of the gothic clustered column. Yet the symmetrical layout suggests a more formalistic starting point. A similar tension between dwelling and building form is present in the Rotterdam tower designed by Pi de Bruijn (de Architekten Cie.).

Explicit formalism characterizes the pioneer among the latest batch of tower blocks: the round rower next to Centraal Station in The Hague containing subsidized housing and a top-floor restaurant. This pylon suddenly sprang up in the middle of the Hague office and transport landscape, purely and simply a demonstration that such a tower block was quite acceptable in the city. Nonetheless, this was initially - because of the unusual site and context - a one-off affair.

A more important example in terms of the debate about the prospects and quality of architecture and urban development in the city was Mecanoo's dazzling Hillekop project on Kop van Zuid (1985-1989). Until then, urban renewal had almost automatically meant four- or five-storey closed or half-open perimeter blocks without a lift. When in 1979 Rem Koolhaas suggested placing slim tower blocks opposite Centraal Station as part of his urban development plan for IJ square in Amsterdam, his proposals fell on deaf ears. Fear of higher rents and management problems were the deciding factors in this

bot gevangen met het voorstel slanke woontorens tegenover het Centraal Station te plaatsen. Angst voor hoge huren en problemen met het beheer gaven daarbij de doorslag. Mecanoo's toren - een vrije adaptatie van Aalto's *Neue Vahr* in Bremen (1957) - toonde aan dat hoogbouw niet altijd gespierde huren, een morsige omgeving en kapotte liften hoeft te betekenen, en in oude wijken een zinvolle uitbreiding van het stedenbouwkundig repertoire kan zijn. Traditionele ongemakken van hoogbouw zoals windhinder en bedompte donkere lifthalletjes werden hier overtuigend overwonnen.

Inmiddels zijn er aardig wat torens gebouwd, vooral in de duurdere huur- en koopsfeer. Het realiseren van een gevarieerd stadslandschap, het opvoeren van de woningdichtheid en het aan de stad binden van een specifieke groep (welvarende) woningzoekenden, vormen de meest gangbare aanleidingen voor binnenstedelijke hoogbouw. Dat daarbij ook de verkeers- en parkeerdruk flink toenemen en torens niet schaduwloos verrijzen, lijkt van ondergeschikt belang te zijn. Soms is het behoud van ruimtelijke transparantie bij het opvoeren van de woningdichtheid een overweging, zoals de torens in Hoogvliet van Roelf Steenhuis laten zien.

Al vormt torenbouw, ook in de toekomst, slechts een klein percentage van de woningvoorraad, het aanzien van stad en land is er de laatste jaren wel ingrijpend door veranderd. (A.O.)

instance. Mecanoo's tower - a free adaptation of Aalto's Neue Vahr in Bremen (1957) - showed that high-rise did not necessarily entail hefty rents, messy surroundings and broken-down lifts, and that in the older quarters it can be a useful addition to the urban development repertoire. The traditional inconveniences associated with high-rise such as wind corridors and dingy lift lobbies, were convincingly overcome in this project.

In the meanwhile quite a lot of tower blocks have been built, especially in the up-market rental and owner-occupied sector. The most common motives advanced in favour of inner-city high-rise are the creation of a varied urban landscape, an increase in housing density and the desire to bind a specific group of (well-off) house seekers to the city. The fact that this also entails a substantial increase in traffic and parking activity and that towers do not rise without casting a shadow, seems to be of secondary importance. Sometimes the retention of spatial transparency is a consideration in a project designed to increase housing density, as Roelf Steenhuis's towers in Hoogvliet demonstrate.

Even though tower blocks represent and will continue to represent only a small percentage of the housing stock, they have nevertheless had a dramatic impact on Dutch townscapes in recent years. (A.O.)

Illustratieverantwoording *Credits of the Illustrations*

Henk Klunder: Zuidpoort, tweemaal 72 meter hoog en 21 woonlagen, Zuidplein, Rotterdam, 1992-1995 *two times 72 metres high and 21 storeys*

Tangram: Hekla, 40 meter hoog en 13 woonlagen, Matterhorn (de Aker), Amsterdam, 1992-1995 *40 metres high and 13 storeys*

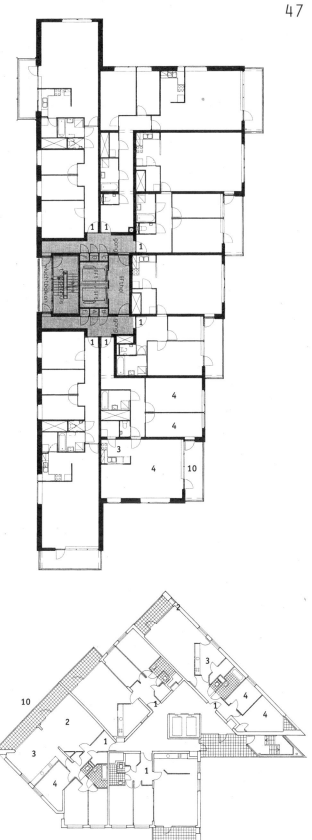

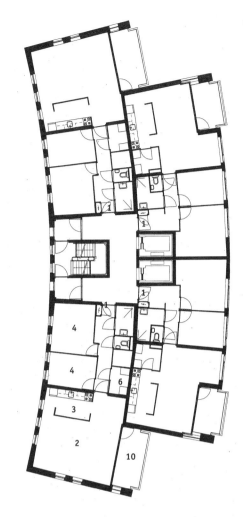

Karelse Van der Meer: 40 meter hoog en 14 woonlagen, Boerhavelaan (Hoornse Meer), Groningen, 1995-1996 *40 metres high and 14 storeys*

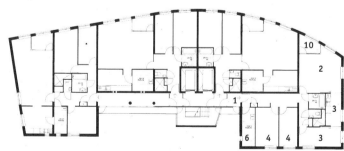

Roelf Steenhuis: van 35 tot 51 meter hoog en van 13 tot 19 woonlagen, Park Vossendijk, Hoogvliet, 1991-1996 *from 35 to 51 metres high and from 13 to 19 storeys*

Werken *Works*

Toelichting op de catalogus van werken

De werken zijn alfabetisch op architecten(bureaus) geordend. Omdat van de meeste bureaus maar een werk kon worden opgenomen, zijn op de rechterpagina bovenaan, waar mogelijk, zogenaamde pasfoto's van andere werken opgenomen. Dit verbreedt het beeld van de betreffende bureaus en nuanceert de selectie.

Bij de projectgegevens staan de **jaartallen** voor respectievelijk begin ontwerp en oplevering van het werk.

    Met de term **appartement** wordt een gestapelde woning van een laag aangeduid, dus ook woningen op de begane grond van een complex. De samenstelling **aanleunappartement** of **-woning** is gehandhaafd, omdat het de algemeen gangbare aanduiding voor een seniorenappartement of seniorenwoning bij een verzorgingshuis is.

    De term **maisonnette** slaat op een gestapelde woning van twee verdiepingen, ook als deze zich op de begane grond bevindt.

    De term **woning** is gebruikt voor een rijtjeshuis, twee-onder-een-kap of vrijstaande woning.

    De termen **huur** en **koop** betreffen de vrije sector. De prijsgrenzen van de gesubsidieerde huur- en koopsector veranderen per jaar, evenals de subsidiebedragen en -aantallen. Eind jaren tachtig was het nog gebruikelijk ƒ 25.000,- tot ƒ 30.000,- subsidie op een sociale huurwoning te verwerven met uitschieters tot ƒ 60.000,-. Vanaf 1995 stelt het rijk ƒ 5000,- per woning beschikbaar, met voor een klein aantal woningen huurverlagingstoeslagen en kopkostensubsidies (bijzondere kosten vanwege moeilijke binnenstedelijke bouwlocaties). De prijsgrens voor de voormalige categorieën **sociale huur** en **sociale koop** (tegenwoordig goedkope sector geheten) lag de afgelopen jaren rond de ƒ 165.000,-. Voor de voormalige categorieën **premiehuur** en **premiekoop** (nu middeldure sector) lag de grens rond de ƒ 240.000,-.

Voor de woningplattegronden is een uniforme legenda toegepast, zie pagina 158.

Explanation of the catalogue of works

The works are arranged alphabetically according to architect/ architectural practice. Because most of the practices could only be represented here by a single work, 'passport photos' of other works have where possible been included at the top of the right-hand page. This gives a broader idea of the work done by the practice concerned and puts the selected work into perspective.

*The **dates** included in the project details refer respectively to the starting and finishing dates for the work.*

    *The term **apartment** refers to a single storey dwelling in a multi-storey block and consequently includes ground floor dwellings. The term **sheltered apartment/dwelling** is used to describe apartments for the elderly whether in dedicated schemes or attached to a home for the aged.*

    *The term **maisonette** refers to a two-storey dwelling (US = duplex) in a multi-storey development and thus also to dwellings on the ground floor.*

    *The term **dwelling** is used for detached, semi-detached and terrace dwellings.*

    *The terms **rental** and **owner-occupied** relate to the private sector. Price ceilings for the state-subsidized rental and owner-occupied sector change annually, as does the amount of subsidy and the total number of subsidies granted. In the late 1980s subsidies of between NLG 25,000 and 30,000 were customary, with occasional peaks of up to NLG 60,000. Since 1995 the government has provided a flat NLG 5000 per dwelling, plus a small number of rent-reduction bonuses and subsidies to compensate for location-specific additional building costs. The price ceiling for the former **subsidized rental** and **subsidized owner-occupied** categories (now known as the 'cheap sector') has been around NLG 165,000 in recent years. For the former **state-subsidized rental** and **state-subsidized owner-occupied** categories (now medium price sector) the ceiling was around NLG 240,000.*

A uniform legend has been used for all the floor plans, see page 158.

Projectarchitecten *Job Architects*: Henk Scholten, Jan Varekamp (AAS); Theo Oving (Oving)
Medewerkers *Contributors*: J. van den Hende, M.J. de Blok, A. van Delft, T. Otten, C. Pas (AAS); A. Bottema, F. Korthuis, E. Conijn, H. Meijer, H. Tuin, P. van der Zwaag (Oving)
Opdrachtgever *Commissioned by*: NCHB, Amsterdam
Aannemer *Contractor*: Geveke Bouw, Haren
Categorie *Sector*: huur *rental housing*
Differentiatie *Differentiation*: 72 tweekamerappartementen, 38 driekamer-aanleunwoningen en overige diensten *72 two-room apartments, 38 three-room sheltered dwellings and other facilities*

AAS Atelier voor Architectuur en Stedebouw
Verzorgingshuis met aanleunwoningen
Home for the Aged with Sheltered Dwellings
Groningen: Molukkenplantsoen
1991-1995

Het verzorgingshuis maakt deel uit van het stedenbouwkundig plan Molukkenplantsoen, dat door Frits Palmboom werd gemaakt. Vervolgens waren drie Groningse bureaus, in samenspraak met Palmboom, betrokken bij de architectonische uitwerking. Het is opvallend goed gelukt de hoogbouw met supermarkt (Architektenburo Scheffer), de gehandicaptenhuisvesting met seniorenappartementen (KAW Architekten) en het verzorgingshuis met aanleunwoningen (AAS/Oving Architecten) als ensemble te ontwikkelen. Het verzorgingshuis, een gepleisterd atriumgebouw, is met een verdiepinghoge plint aan het appartementengebouw met aanleunwoningen gekoppeld. Tezamen vormt dit ensemble een haak om een parkstrook, die overgaat in een brede groenstrook die door de gehele wijk loopt. De aanleunwoningen staan langs de aantakking op de ringweg, verstopt achter een gesloten gevel en galerijen. Deze 'harde' kant vormt een contrast met de vriendelijke, modernistische andere zijde. Die kant is karakteristiek voor het gehele ensemble.

aanleunwoningen (l) *sheltered dwellings*; verzorgingshuis (r) *home for the aged*

Groningen: ecologische woonwijk, Waterland (Drielanden), 1993-1996 *'eco-estate'*

This home for the aged is part of Frits Palmboom's Molukkenplantsoen development plan. Three local firms were subsequently brought in to work out the architectural details in consultation with Palmboom. The result is a surprisingly successful ensemble of buildings: high-rise with supermarket (Architektenburo Scheffer), accommodation for disabled people with apartments for the elderly (KAW Architekten) and the home for the aged with sheltered dwellings (AAS/Oving Architecten). A storey-high plinth connects the home for the aged, a stuccoed atrium building, to the apartment building containing sheltered dwellings. This ensemble forms a bracket around a strip of park that continues as a green belt through the entire district. Because the sheltered dwellings are situated along the slip road leading to the orbital road, they have been 'hidden' behind a blank façade and galleries. In contrast to this 'hard side', the other side, in common with the ensemble as a whole, is pleasantly modernist.

1. aanleunwoningen *sheltered dwellings* (AAS/Oving)
2. verzorgingshuis *home for the aged* (AAS/Oving)
3. seniorenappartementen boven huisvesting voor gehandicapten *apartments for the elderly above accommodation for disabled people* (KAW)
4. galerijflat boven supermarkt *gallery-access flat above supermarket* (Scheffer)
5. galerijflat boven winkels *gallery-access flat above shops* (Scheffer)
6. Bedumerweg
7. ring
8. Molukkenplein

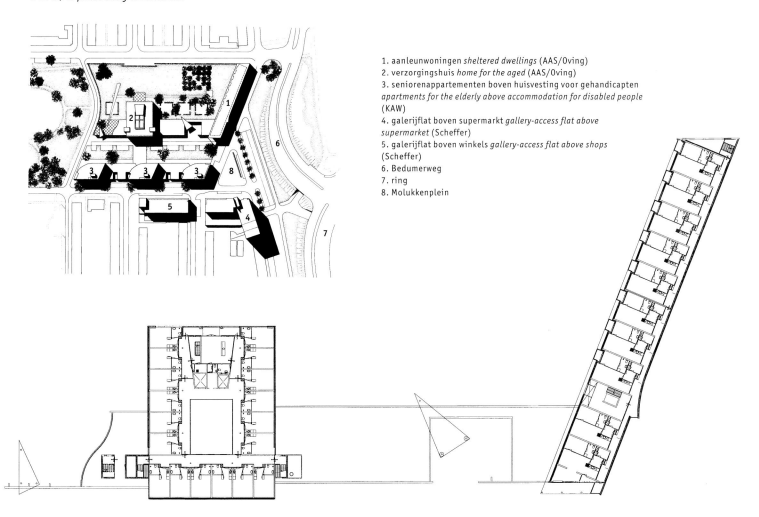

eerste verdieping *first floor*

Projectarchitect *Job Architect*: Hans Ruijssenaars
Medewerkers *Contributors*: Eric Meisner, Victor Boersma, Koen Heslenfeld
Opdrachtgever *Commissioned by*: Gemeentelijk woningbedrijf, Velsen
Aannemer *Contractor*: Panagro, Leidschendam
Categorie *Sector*: sociale huur, 1 gemeenschappelijke ruimte *subsidized rental sector,*
1 communal room
Differentiatie *Differentiation*: 16 driekamerwoningen, 12 driekamerappartementen, 16 drie- en
16 vierkamermaisonnettes (en woningen in de boog) *16 three-room dwellings, 12 three-room*
apartments, 16 three-room and 16 four-room maisonettes (and dwellings in the curved block)

de architectengroep loerakker rijnboutt ruijssenaars hendriks van gameren mastenbroek
Woningbouw als groot gebouw *Housing as Monolith*
Velsen: Gemeentewerf; Zandershof, Tuinderstraat
1988-1992

Op het vrijgekomen terrein van de gemeentewerf is een woningbouwplan verrezen dat zich als eenheid presenteert. Het houdt het midden tussen een openbaar toegankelijk gesloten bouwblok, een stadsplein met woningen en een zeer groot gebouw met binnenplaats. Een additionele strook met eengezinswoningen vormt een voorpleintje en verbindt het complex met de omringende straten. Het symmetrisch opgezette plan is asymmetrisch ontwikkeld. Eén lange kant bevat eengezinswoningen van twee lagen met een vide in de woonkamer. De andere strook heeft twee gestapelde woningen van anderhalve verdieping elk. De bovenste woningen hebben ook een vide in de woonkamer. In de koppen zijn langgerekte appartementen ondergebracht.

Het hierbij afgebeelde project Nieuw-Sloten met meer traditionele straten valt als de omkering van Velsen te zien: de gebogen kappen zijn laag aan het binnenterrein en hoog aan de straatzijde.

Amsterdam: eengezinswoningen, Berlaarstraat, Lokerenstraat, Oudenaardeplantsoen (Nieuw-Sloten), 1992-1996 *single-family dwellings*

The housing development erected on the site of the former municipal depot presents itself as a unity. It is midway between a perimeter block open to the public, an urban square lined with houses and a megablock with an inner court. An additional row of single-family dwellings creates a fore-court and links the complex to the surrounding streets. The symmetry of the plan does not extend to the architectural development. One long side comprises two-storey single-family dwellings with a void in the living room. The other row contains two stacked dwellings of one-and-a-half storeys each. The upper dwelling also has a void in the living room. Long, narrow apartments have been inserted behind the head elevations.

The Nieuw-Sloten project also illustrated here has more traditional streets and can be seen as the Velsen project in reverse: the curved roofs are low on the courtyard side and high on the street side.

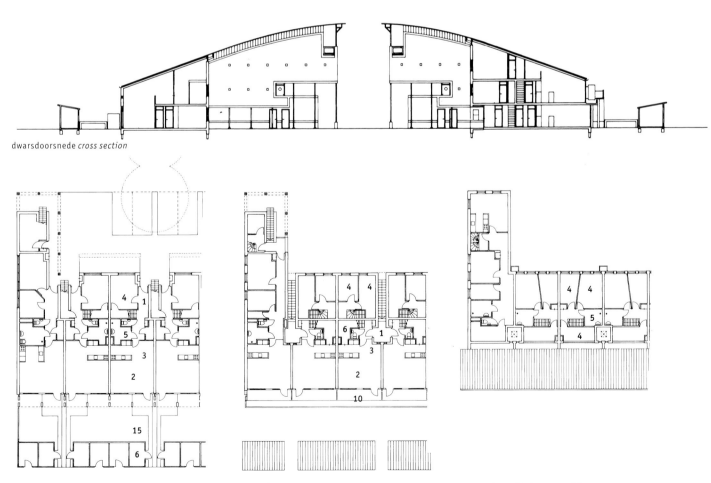

dwarsdoorsnede *cross section*

begane grond *ground floor*
deel van het blok *part of the block*

eerste verdieping *first floor*

tweede verdieping *second floor*

Projectarchitecten *Job Architects*: Dick van Gameren, Bjarne Mastenbroek
Medewerkers *Contributors*: Hans Goverde, Eric Heeremans
Opdrachtgever *Commissioned by*: Woningvereniging Kolping, Nijmegen
Aannemer *Contractor*: Tiemstra, Nijmegen
Categorie *Sector*: huur *rental housing*
Differentiatie *Differentiation*: 54 drie- en 3 vierkamerappartementen, bedrijfsruimte, parkeerdak
54 three-room and 3 four-room apartments, business premises, roof-top car park

de architectengroep loerakker rijnboutt ruijssenaars hendriks van gameren mastenbroek

Tussen stad en park *Between City and Park*

Nijmegen: Gerard Noodtstraat
1992-1996

parkeerdak *roof-top car park*

Het complex in de Nijmeegse binnenstad is een uitvloeisel van de tweede Europanprijsvraag (1991), toen een ontwerp van Dick van Gameren en Bjarne Mastenbroek voor een andere locatie in Nijmegen werd bekroond. Het gerealiseerde gebouw is een gelede strook die op twee plaatsen is onderbroken door poorten. Aan de straatzijde is het gebouw een aaneenschakeling van in verschillende materialen uitgevoerde volumes, die de schaal en het ritme van de bebouwing in de omgeving overnemen, en door de hoekverdraaiing de kromming van de rooilijn volgen. De gevel aan de tuinzijde is met de doorlopende balkons meer uniform, maar door het niveauverschil dat het hellende terrein oplevert, is ook hier een afwisselend beeld ontstaan.

De woningen liggen aan een galerij of zijn via een portiek bereikbaar. Een prominente plaats heeft de parkeervoorziening op het dak, die met een autolift is te bereiken en het totale volume bijeenhoudt.

tuinzijde *garden side*

entree en toegang tot parkeerlift *entrance and access to car-lift*

This complex in the centre of Nijmegen is the result of the second Europan competition (1991), when a design by Dick van Gameren and Bjarne Mastenbroek for a different location in Nijmegen, was among the prizewinners. The building realized in Gerard Noodtstraat is an articulated strip punctuated at two places by gateways. Seen from the street the building is a succession of volumes in different materials, that adopt the scale and rhythm of the surrounding buildings and nimbly follow the curve of the building line. On the garden side continuous balconies make for greater uniformity but even here there is some variation as a result of the sloping terrain.

The dwellings have either gallery or porch access. A particularly prominent place is reserved for the roof-top car park that is reached by car-lift and which serves to hold the entire volume together.

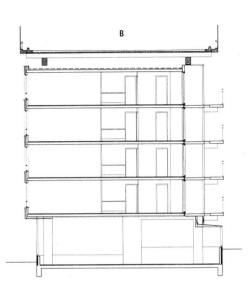

dwarsdoorsnede *cross section*
b. parkeerdak *parking deck*

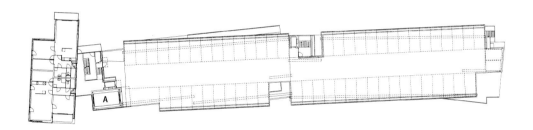

parkeerdak *parking deck*
a. autolift *car lift*

verdieping 2 *floor*

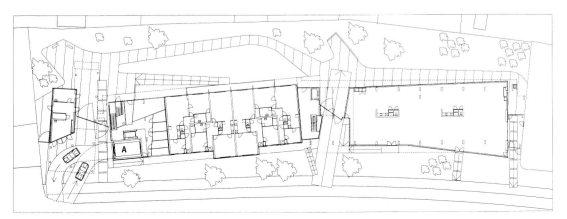

begane grond *ground floor*
a. autolift *car lift*

Projectarchitect *Job Architect*: Frits van Dongen
Medewerkers *Contributors*: A.J. Mout, P. Puljiz, A.J. de Haas, M. Heesterbeek, F. Veerman, J. van Hettema, J. Molenaar
Opdrachtgever *Commissioned by*: SFB/BPF-Bouw, Amsterdam; ERA Bouw, Zoetermeer
Aannemer *Contractor*: Van der Vorm Bouw, Papendrecht; ERA Bouw, Zoetermeer
Categorie *Sector*: 418 (premie)huur, 207 koop *418 (state-subsidized) rental housing, 207 owner-occupied housing*
Differentiatie *Differentiation*: 369 drie- en 239 vierkamerappartementen en -maisonnettes, 17 vijfkamerwoningen, sportclub, tennisbanen, kinderdagverblijf, commerciële ruimten, parkeergarage met 200 plaatsen *369 three-room and 239 four-room apartments and maisonettes, 17 five-room dwellings, sports club, tennis courts, day nursery, commercial premises, car park for 200 cars*

de Architekten Cie.
Zeekastelen *Sea Castles*
Rotterdam: Stieltjes- en Cargadoorstraat
1992-1996

Op de voormalige havenpier verdelen vijf dwarsgeplaatste woongebouwen het terrein in vier delen. Door bij drie van de vier tussengebieden gebouwen in de open zijden te plaatsen, ontstaan halfgesloten binnenterreinen met onder meer tennisbanen bovenop parkeergarages. Het resterende tussengebied is ingericht als stadsplein. Langs de Stieltjesstraat liggen portieketageflats en langs de Cargadoorstraat gallerijportiekflats. De drie tussengelegen dwarsblokken, oplopend van vijf tot twaalf lagen, hebben een corridorontsluiting. Vides tussen de verdiepingen breken het tunneleffect van de negentig meter lange gangen. Een grote lichtschacht brengt daglicht tot op de onderste verdieping. Grote vierkamerappartementen zijn gecombineerd met maisonnettes. Langs de Levi Vorstkade liggen stadswoningen, de gebouwen aan de Louis Preger-kade bevatten gallerijportiek- en portieketageflats.

Five transverse apartment blocks divide the site of a former jetty in four. By inserting buildings in the open ends of three of these four intermediate areas the architects have created half enclosed courtyards containing, among other things, tennis courts on top of car parks. The remaining intermediate area has been laid out as a city square. Stieltjesstraat is bordered by porch-access flats and Cargadoorstraat is bordered by gallery/porch flats. The three transverse blocks, varying from five to twelve storeys, have corridor-access. Voids between the floors break up the tunnel-like effect of the ninety-metre-long passageways while a large light well ensures that even the lowest floor receives daylight. Large four-room apartments are combined with maisonettes. Along the Levi Vorstkade are town houses, while the buildings on the Louis Pregerkade contain gallery/porch flats and porch-access flats.

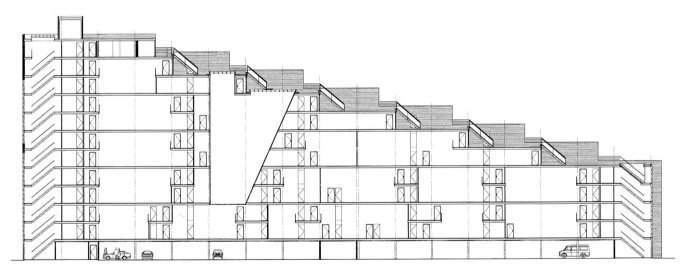

langsdoorsnede *longitudinal section*

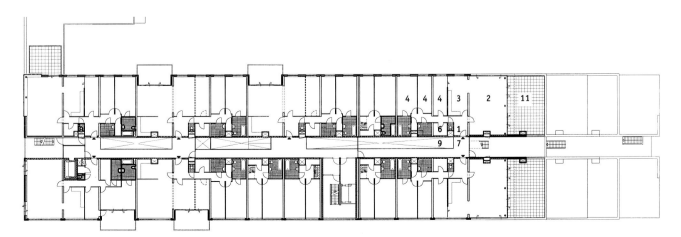

zesde verdieping *sixth floor*

Projectarchitect *Job Architect*: Frits van Dongen
Medewerkers *Contributors*: A.J. Mout, L. Pires, R. Konijn
Opdrachtgever *Commissioned by*: Amstelland Vastgoed, Amsterdam
Aannemer *Contractor*: Teerenstra, Heiloo
Categorie *Sector*: koop *owner-occupied housing*
Differentiatie *Differentiation*: 22 twee-, 72 drie- en 12 vijfkamermaisonnettes *22 two-room,
72 three-room and 12 five-room maisonettes*

de Architekten Cie.
My Side
Amsterdam: Oostelijke Handelskade
1992-1995

De twee woongebouwen presenteren zich als eenheid naar het water.
De straatkant met balkons en terrassen heeft een minder vormelijk
gevelbeeld. Daar wordt herkenbaar dat het complex geen appartementen,
maar maisonnettes bevat. De bovenste zes woonlagen worden door twee
corridors ontsloten: de halve verdiepingen aan weerszijden van de gang
geven toegang tot de laag erboven of eronder. Dubbelbrede penthouses op
de achtste laag hebben hun terrassen op de zevende. De maisonnettes op
de begane grond hebben een vide. Door de halfverzonken parkeergarage
liggen ze wat verhoogd aan kade en straat. De woonverdiepingen zijn zo
min mogelijk opgedeeld om het uitzicht over enerzijds het water en
anderzijds de oude stad niet te belemmeren.

Rotterdam: Natal, woongebouw met bedrijfsruimten, Kaapstraat, 1985-1990 (l) *housing block with business premises*
Rotterdam: diverse invullingen, Putselaan en omgeving, 1990-1993 (r) *various infills Putselaan and environs*

Seen from the water, the two housing blocks appear as a single unit. The street façade, with its balconies and terraces, is less formal. From this side it is evident that the buildings comprise maisonettes rather than apartments. The top six floors are served by two corridors: the entresols on either side of the passageway provide access to the floor above or below. The terraces belonging to the double-width penthouses on the eighth floor are on the seventh floor. The ground-floor maisonettes have a void and because of the half-submerged car park they are somewhat raised in relation to the quay and the street. Partitioning has been kept to a minimum on the floors containing the living area so as not to interrupt the view of the water on one side and the historic city centre on the other.

doorsnede *section*

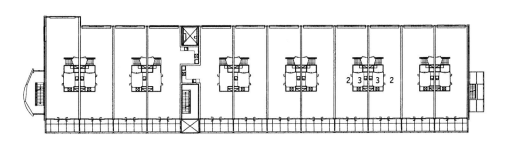

vierde verdieping *fourth floor*

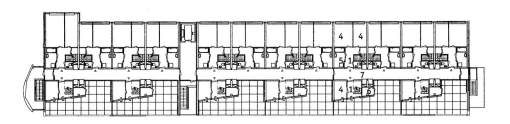

vijfde verdieping *fifth floor*

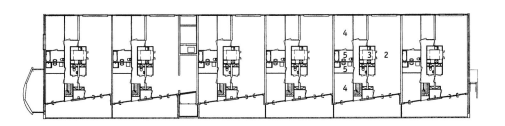

zesde verdieping *sixth floor*

Projectarchitecten *Job Architects*: Wiel Arets, Michel Melenhorst
Medewerkers *Contributors*: Ramun Capaul, Rhea Harbers, René Holten, Katharina Lundeberg
Opdrachtgever *Commissioned by*: Woningbouwvereniging Beter Wonen, Maastricht
Aannemer *Contractor*: Coppelmans Bouwbedrijven, Eindhoven
Categorie *Sector*: sociale huur *subsidized rental sector*
Differentiatie *Differentiation*: 20 driekamerappartementen *20 three-room apartments*

Wiel Arets architect & associates
Seniorenwoningen *Dwellings for the Elderly*
Maastricht: Fons Olterdissenstraat
1993-1995

De 10 meter brede en 7,5 meter diepe woningen zijn verdeeld over vier lagen en kijken uit op een plantsoen. De 3,20 meter brede galerijen aan deze zijde combineren ontsluiting en privé-buitenruimte. Stalen roosters in de galerijvloer laten daglicht toe in de ondergelegen vertrekken. Tevens scheiden deze roosters ieders territorium. De galerijen zijn gedeeltelijk afgesloten met geperforeerde aluminium schermen. De roosters in de galerijvloeren steken als een soort zonwering weer voorbij dit halfopen gevelvlak. Zo is er een aantal lagen tussen de woning en de openbare ruimte geplaatst. De kozijnen en houten geveldelen zijn van *red western cedar* dat op termijn zilvergrijs zal kleuren, zich meer voegend naar de staal- en aluminiumtinten.

'luchtstraat' met roosters in de vloer *'aerial street' with gratings in the floor*

Amsterdam: woontoren, KNSM-laan, 1990-1996 (l) *tower block*
Tilburg: seniorenhuisvesting, De Pontplein, Timmermanspad, 1993-1995 (r) *accommodation for the elderly*

The 10-metre-wide and 7.5-metre-deep dwellings are distributed over four levels and look out over a public garden. The 3.20-metre-wide galleries on this side provide both access and private outdoor space. Steel gratings in the gallery floor ensure that the rooms below receive daylight. At the same time they serve to demarcate the occupants' personal territory. The galleries are partially enclosed by means of perforated aluminium screens. The gratings in the gallery floors extend beyond this semi-open façade area, rather like awnings. As such the dwellings are separated from the public space by several layers and zones. The window/door frames and the timber façade elements are of red western cedar that will eventually turn silver-grey and thus tone in more with the steel and aluminium.

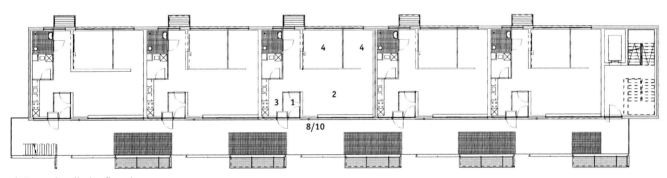

plattegrond verdieping *floor plan*

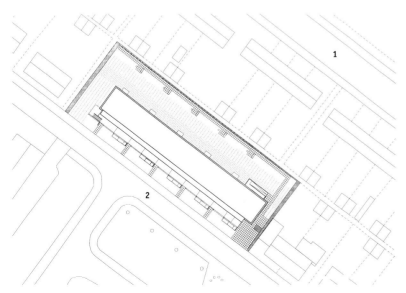

1. Sint Lucassingel, 2. Fons Olterdissenstraat

Projectarchitect *Job Architect*: Jacq. de Brouwer
Medewerker *Contributor*: Marcel de Freytas
Opdrachtgever *Commissioned by*: Tilburgsche Bouwvereeniging, Tilburg
Aannemer *Contractor*: Aannemingsbedrijf Alphons Coolen, Tilburg
Categorie *Sector*: huur *rental housing*
Differentiatie *Differentiation*: 40 drie- en 9 vierkamerappartementen, bedrijfsruimte
40 three-room and 9 four-room apartments, business premises

Bedaux de Brouwer Architecten
Kromhoutpark
Tilburg: Coba Ritsemastraat, Bredaseweg
1992-1994

Op een voormalig kazerneterrein is een stadspark met omringende bebouwing gerealiseerd. Jacq. de Brouwer ontwierp de twee woongebouwen die samen de nieuwe Coba Ritsemastraat vormen. Deze verbindt de drukke Bredaseweg met het park. Tevens anticipeert de Coba Ritsemastraat op een vergelijkbare ontwikkeling aan de overzijde van de Bredaseweg. Achter de westelijke, volmaakt vlakke straatgevel bevinden zich 24 gestapelde maisonnettes. De woonkamers van de bovenste maisonnettes zijn vanwege het uitzicht op de vierde laag gesitueerd.

De oostelijke strook bevat 25 appartementen. De woningen op de begane grond hebben hun voordeuren aan de straatzijde. De verdiepingen worden met galerijen aan de achterzijde ontsloten. Op de koppen en hoeken zijn overgangen naar de aangrenzende bebouwing gemaakt.

hoek Kromhoutpark *corner*

The site of a former barracks has been turned into a city park surrounded by buildings. Jacq. de Brouwer designed the two apartment blocks that together form a new street - Coba Ritsemastraat. This street links the busy Bredaseweg with the park and also anticipates a similar development on the other side of the Bredaseweg. Behind the completely flat street elevation on the west side are 24 stacked maisonettes. The living rooms of the upper maisonettes are located on the fourth level to take advantage of the view.

The row on the east side contains 25 apartments. The dwellings on the ground floor have a front door on the street side while the floors above are accessed from galleries at the rear. The ends of the rows and the corners are linked to the adjacent buildings.

1. Bredaseweg, 2. Coba Ritsemastraat, 3. Kromhoutpark

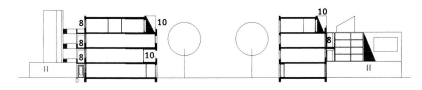

dwarsdoorsnede *cross section*

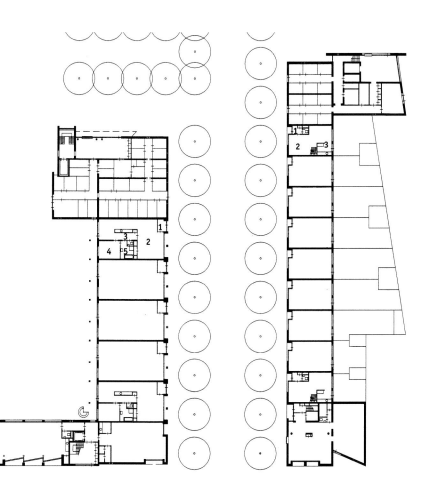

begane grond *ground floor*

Projectarchitect *Job Architect*: Jacq. de Brouwer
Medewerker *Contributor*: F. van Helvert
Opdrachtgever *Commissioned by*: Crapts P.O. Mij., Tilburg
Aannemer *Contractor*: Osdo, Dongen
Categorie *Sector*: koop *owner-occupied housing*
Differentiatie *Differentiation*: 28 vierkamer-seniorenwoningen, 28 vier- of vijfkamerwoningen
28 four-room dwellings for the elderly, 28 four-room or five-room dwellings

64

Bedaux de Brouwer Architecten
Herenhuizen en seniorenbungalows
'Mansions' and Bungalows for the Elderly
Tilburg: Kinderdijkstraat, Reeshof
1993-1996

De gevraagde kwadrantwoningen van twee lagen werden door de architect omgewerkt tot een strook geschakelde bungalows en een reeks twee-onder-een-kap woningen, de herenhuizen. Door twee woningen te verlagen en de andere twee met een laag te verhogen, kon de bezonning worden verbeterd. Door lage en hoge woningen zes meter uit elkaar te schuiven, is er ruimte voor bergingen en parkeren 'achter' de woning, waardoor het straatbeeld wordt gezuiverd. De tuingevels van de bungalows zijn in een zaagtandstructuur naar de zon gekeerd. Het contrast is verder opgevoerd in de afwerking: gewassen en witgesauste baksteen voor de bungalows, antracietkleurige betonsteen voor de herenhuizen. Tuinmuren en beuken-hagen completeren het beeld. In de plattegrond herinnert alleen een cluster met bergingen aan het oorspronkelijke schema.

Kinderdijkstraat

The two-storey quadrant dwellings called for in the brief have been recast by the architect as a row of linked bungalows and a series of semi-detached dwellings, the 'mansions'. Sunlighting has been enhanced by lowering one pair of dwellings one storey and raising the other by the same amount. Storage and parking have been tucked away behind the dwellings by the simple expedient of moving the low and high dwellings six metres apart, a strategy that also serves to tidy up the streetscape. A saw-tooth structure allows the garden elevations of the bungalows to face the sun. The contrast between the two kinds of dwellings is further accentuated in the finishing: washed and white-washed brick for the bungalows, anthracite concrete block for the mansions. Garden walls and beech hedges complete the picture. In the ground plan the only reminder of the original concept is the storage-space cluster.

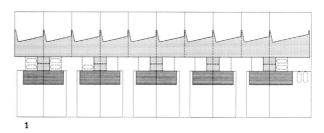

1

1. Kinderdijkstraat

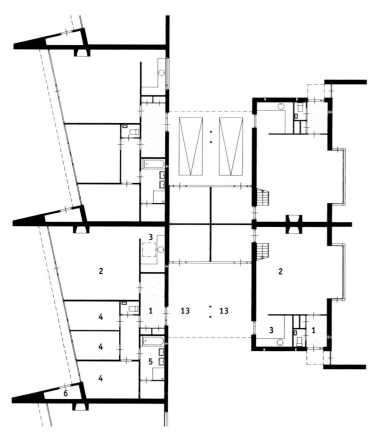

begane grond *ground floor*

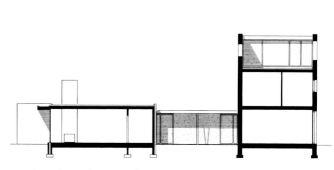

dwars doorsnede *cross section*

Projectarchitect *Job Architect*: Theo Bosch
Medewerkers *Contributors*: G. Knemeijer, F. Wesselingh, H. van Wijk, J. Ligthart
Opdrachtgevers *Commissioned by*: Woonstichting De Doelen, Amsterdam; Gemeentepolitie, Amsterdam; Stadsdeel Westerpark, Amsterdam
Aannemer *Contractor*: M.J. de Nijs en Zn., Warmenhuizen
Categorie *Sector*: 80 sociale huur, 6 premiekoop, 64 sociale koop *80 subsidized rental sector, 6 state-subsidized owner-occupied housing, 64 subsidized owner-occupied sector*
Differentiatie *Differentiation*: 11 twee-, 57 drie-, 76 vier- en 6 vijfkamerappartementen en -maisonnettes, parkeergarage met 88 plaatsen, districtsbureau Gemeentepolitie, werk/atelierruimten *11 two-room, 57 three-room, 76 four-room and 6 five-room apartments and maisonettes, car park for 88 cars, local police station, work/studio premises*

Theo Bosch architect (nu Compaan Architecten)
Terrein *Site* Technische Unie
Amsterdam: Lemairegracht, Houtman- en Van Noordtkade
1990-1993

Op een van de westelijke eilanden verrees een opmerkelijk wooncomplex. Het al aanwezige U-vormige bouwblok werd niet gecontinueerd tot een gesloten bouwblok, maar aangevuld met een reeks open binnenhoven. Vier woongebouwen haaks op de lengterichting van het eiland maken met hun verbrede koppen straatwanden aan de kaden en sluiten tevens drie binnenpleinen in. Het gehele complex ligt op een halfverdiepte parkeergarage, waarin ook de bergingen zijn opgenomen. De woningen worden vanuit de verhoogde binnenpleinen ontsloten: appartementen in de koppen en maisonnettes in de tussenstukken. Het eerste woongebouw, waarin het politiebureau is opgenomen, is hoger en sluit de reeks af. De lichte architectuur met welvende puien, zonnige kleurstellingen en stedelijke pleintjes doen haast vergeten dat hier hoge bebouwingsdichtheden werden gerealiseerd.

Houtman- en Van Noordtkade

binnenplein *inner court*

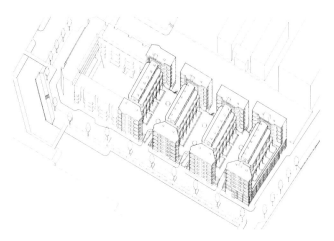

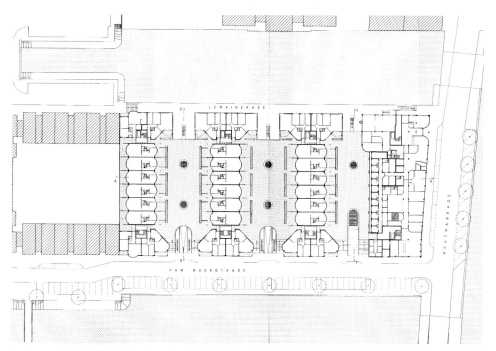

Den Haag: Elandstraat, 1986-1990 (l)
Deventer: Sijzenbaan en omstreken, 1985-1988 (r) *Sijzenbaan and environs*

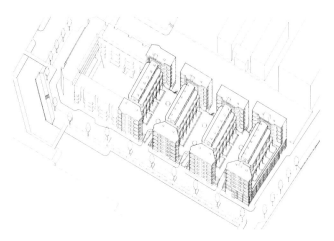

A striking housing complex has sprung up on one of the western islands of Amsterdam. Instead of turning the existing U-shaped block into a perimeter block, the architects have chosen to supplement it with a series of open courtyards. The splayed heads of four housing blocks placed at right angles to the longitudinal direction of the island, create street façades along the quays and enclose three courtyards. The entire complex rests on a half-sunken car park/storage area. The dwellings are accessed from the raised courtyards: apartments at the ends of the blocks and maisonettes in between. The first block, incorporating the police station, is taller and closes off the series. The airy architecture with its curving lower fronts, bright colour schemes and urban squares almost makes one forget the high building density achieved here.

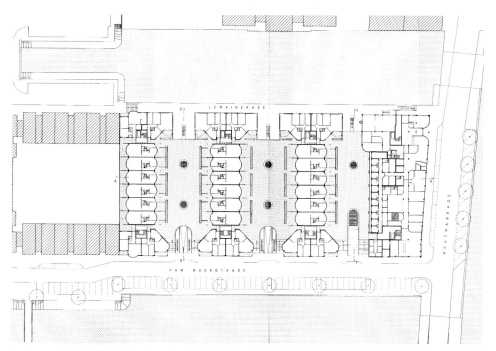

begane grond *ground floor*

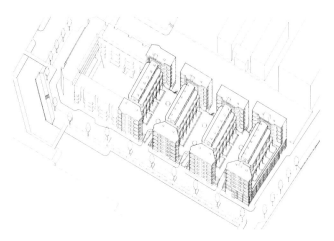

Projectarchitect *Job Architect*: CEPEZED
Opdrachtgever *Commissioned by*: Mabon, Rijswijk; Stichting Volkswoningen, Rotterdam
Aannemer *Contractor*: Volker Bouwmaatschappij, Rotterdam
Categorie *Sector*: sociale huur, koop *subsidized rental sector, owner-occupied housing*
Differentiatie *Differentiation*: 25 driekamer-seniorenappartementen, kantoorruimte
(Stieltjesblok), 45 drie- en vierkamerappartementen, commerciële ruimte (De Boog)
25 three-room apartments for the elderly, office premises (Stieltjesblok), 45 three-room and four-room apartments, commercial premises (De Boog)

Architektenburo CEPEZED
Boog en Stieltjesblok
Rotterdam: Stieltjesstraat, Zuidelijk Halfrond
1991-1996

Een recht blok met seniorenappartementen boven kantoren continueert de straatwand langs de Stieltjesstraat. Hoewel dit blok aansluit op de aangrenzende bebouwing, wendt het zich in de architectuur hiervan af. De galerijen aan de achterzijde, de zuidkant, zijn extra breed uitgevoerd. Aan deze zijde vormen twee cirkelsegmenten aan weerszijden van een glazen trappenhuis samen De Boog: een woongebouw met koopappartementen boven commerciële ruimten. De verspringende gevelschermen voor de woonverdiepingen laten lange zichtlijnen op de haven vrij. De opvallende houten gevelbekleding aan straat- en galerijzijde, nieuw binnen het vocabulaire van Cepezed, is licht en heeft een geluiddempende werking.

De Boog, binnenkant met galerijen(links *left*) *inside with galleries;* Stieltjesblok, Stieltjesstraat (boven *top*); De Boog, Zuidelijk Halfrond (onder *bottom*)

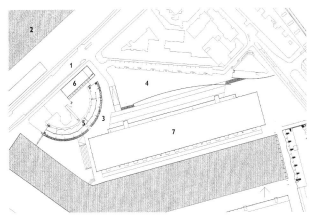

A straight block containing apartments for the elderly above offices, continues the street wall along Stieltjesstraat. Although the block is joined to its neighbours, it does not follow their architectural lead. The galleries on the rear, southern elevation, are unusually wide. Also on this side, two segments of a circle on either side of a glazed stairwell go to make up De Boog: a housing block containing owner-occupied apartments above commercial premises. The staggered façade screens in front of the residential floors leave open long sightlines to the harbour. The striking timber cladding on both the street and gallery façades, an innovation for Cepezed, is light and has an soundproofing effect.

1. Stieltjesstraat, 2. rivier De Maas *river*, 3. Zuidelijk Halfrond, 4. Entrepotplein, 5. De Boog, 6. seniorenwoningen boven kantoren *dwellings for the elderly above offices*, 7. Entrepotgebouw *Entrepot building*

plattegrond De Boog *floor plan*

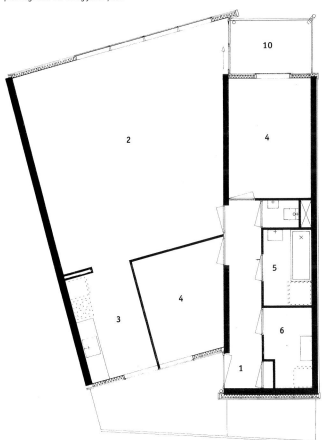

plattegrond Stieltjesblok *floor plan*

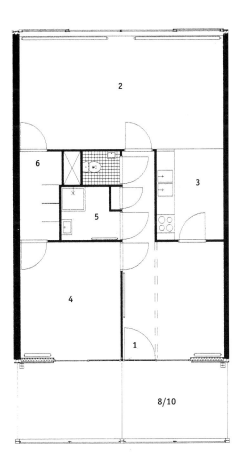

Projectarchitecten *Job Architects*: Kees Christiaanse, Irma van Oort, Eric Slotboom
Opdrachtgever *Commissioned by*: BPF-Bouw, Amsterdam; Rabo Vastgoed, Utrecht
Aannemer *Contractor*: BAM Woningbouw, Bunnik
Categorie *Sector*: premiehuur (blok 1 & 2), premiekoop (blok 3 & 4) *state-subsidized rental housing (block 1 & 2), state-subsidized owner-occupied housing (block 3 & 4)*
Differentiatie *Differentiation*: 4 x 36 driekamerappartementen *4 x 36 three-room apartments*

Kees Christiaanse Architects & Planners
Atriumgebouwen *Atrium Buildings* Galecop
Nieuwegein: Rembrandthage
1993-1996

Vier identieke woongebouwen staan aan de rand van een woonwijkje. Deze variant op de urban villa heeft geen vier of vijf, maar zes woningen per laag; het gebouw is 'doorgeknipt', de twee delen zijn licht gedraaid en onderling verschoven. Zo ontstaat een ruim atrium, ontvangen alle woningen licht van twee kanten en worden de hoekwoningen beter bezond. Een bouwdeel is 'opgetild' om ruimte te maken voor de bergingen en de entree. Dit verklaart het hellende glazen dak van het atrium. Samen met de luchtbruggen, die de vluchtwegen moeten bekorten, levert het een dynamische, sculpturale ruimte op. Door de wijze van uitwerken (bijvoorbeeld de balkons en galerijen zonder consoles, de consequente materiaaltoepassing en eenvoudige detaillering) wordt rust en samenhang gebracht in de gebroken totaalvorm.

Den Haag: Dedemsvaartweg, 1989-1992 (samen met Art Zaaijer *in collaboration with Art Zaaijer*)

Four identical housing blocks located on the edge of a small residential area. Instead of the usual four or five apartments per level, this version of the urban villa has six: the building has been 'sliced' through and the two sections slightly rotated and shifted in relation to one another. Apart from creating a spacious atrium, this ensures that all the apartments receive daylight from two sides and that the corner apartments get more sun. One volume has been 'raised' to make space for the storage areas and entrance. This explains the atrium's sloping glazed roof which, together with the footbridges introduced to shorten the escape routes, gives rise to a dynamic, sculptural space. The architectural elaboration (balconies and galleries without brackets, consistent use of materials and simple detailing) confers repose and coherence on a fragmented totality.

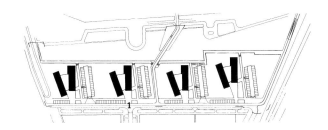

1. Rembrandthage

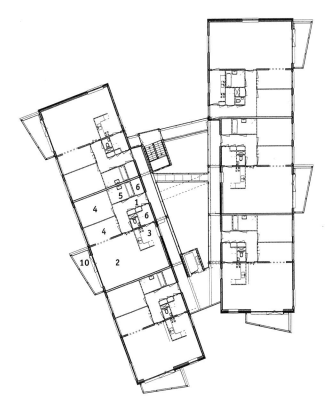

verdieping 2-6 *floor*

Projectarchitecten *Job Architects*: Kees Christiaanse, Han van den Born, Eric Slotboom
Medewerkers *Contributors*: Thomas Nussbaumer, Daan Bakker, Ingrid van Ommen
Opdrachtgever *Commissioned by*: Stichting Sdsh, Delft
Aannemer *Contractor*: Trebbe, Utrecht
Categorie *Sector*: sociale huur *subsidized rental sector*
Differentiatie *Differentiation*: 224 eenheden verdeeld in 168 woningen, waarvan 112 één- en
56 tweekamerappartementen *224 units divided in 168 dwellings; 112 one-room apartments and
56 two-room apartments*

Kees Christiaanse Architects & Planners
Studentenhuisvesting *Student Accommodation* Westlandhof
Delft: Mina Krüsemanstraat

1990-1993

Dit wooncomplex is voor buitenlandse studenten van het Institute of Hydraulic Engineering, die alleen of met familie naar Delft komen om hier te studeren. Om die reden is het flexibel ingedeeld; eenpersoonseenheden zijn eenvoudig samen te voegen tot eengezinsappartementen. Het gebouw heeft twee gezichten: een transparante parkgevel met glas en beton en een gesloten bakstenen straatgevel. De situatie gaf hiertoe aanleiding. Het gebouw zelf is een geluidsscherm tegen de overlast van de drukke verkeersweg waar het langs ligt. Alleen gangen, badkamers, bergingen en keukens grenzen aan de straatgevel. Zowel het park als de woonvertrekken bevinden zich in de luwte van deze schil. Per drie verdiepingen is er een galerij, die ook de laag boven en onder het eigen niveau ontsluit. De appartementen op de begane grond hebben deuren aan de straat.

straatzijde *street side*

parkzijde *park side*

Rotterdam: portieketageblok, Goudsesingel, 1992-1995 *porch-access flats*

This housing complex was built for foreigners studying at the Institute of Hydraulic Engineering in Delft. The flexible layout allows single units to be joined together to create single-family accommodation for those students who bring their family with them. The building has two faces: a transparent façade of glass and concrete overlooking the park and a closed brick façade facing the street. This solution was prompted by the building's location along a busy thoroughfare: the building is itself an acoustic screen. Only the corridors, bathrooms, storage areas and kitchens adjoin the street façade; both the park and the living rooms shelter in the lee of this shield. Every three floors there is a gallery that also provides access to the floor immediately above and below. The ground floor apartments are accessed via street doors.

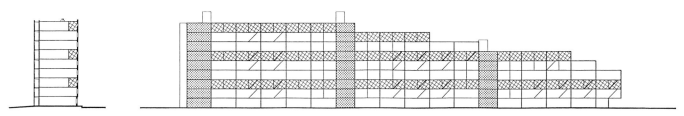

dwarsdoorsnede *cross section*

langsdoorsnede *longitudinal section*

eerste verdieping *first floor*

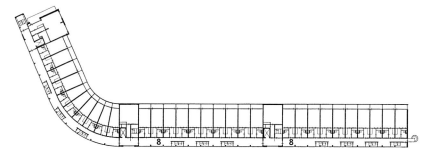

tweede verdieping *second floor*

Projectarchitecten *Job Architects*: Felix Claus, Kees Kaan
Medewerker *Contributor*: Andrew Dawes
Opdrachtgever *Commissioned by*: De Huismeesters, Groningen (appartementen *apartments*);
Lodewijk Geveke Bouw, Haren (patiowoningen *patio dwellings*)
Aannemer *Contractor*: Lodewijk Geveke Bouw, Haren
Categorie *Sector*: sociale huur (appartementen), premiekoop, sociale koop (patiowoningen)
*subsidized rental sector (apartments), state-subsidized owner-occupied housing, subsidized
owner-occupied sector (patio dwellings)*
Differentiatie *Differentiation*: 48 driekamer-seniorenappartementen, 24 vierkamer-
patiowoningen *48 three-room apartments for the elderly, 24 four-room patio dwellings*

Claus en Kaan Architekten
Flats, patio's en groen *Flats, Patios and Green*
Groningen: Landsteiner- en Donderslaan (Hoornse Meer)
1991-1993

Op de plek van een gesloopt bejaardentehuis ontstond een zelfstandig stedelijk fragment, dat zich soepel voegt in de open verkavelingen van een woonwijk uit de jaren zestig.

Korte galerijflats en tot compacte blokjes georganiseerde patio-woningen vormen de wanden van een wigvormige groene ruimte - het feitelijke zwaartepunt van het ensemble. Smalle steegjes tussen de patio-woningen door verbinden de Donderslaan met dit buurtparkje. Aan de over-zijde differentiëren ovale fietsenbergingen de ruimten tussen de flats. Hierdoor wordt het ruimtelijke karakter van het parkje versterkt en blijven de flats tevens verschoond van een blinde laag met bergingen. Balkons ontbreken eveneens; een schuifpui maakt van de kamer een inpandig balkon.

De abstracte, vlakke en uiterst precieze architectuur in combinatie met de beheerste inrichting van de openbare ruimte (tot en met de straat-verlichting toe) geeft aan de bescheiden open ruimte grote allure.

galerijflats Landsteinerlaan *gallery-access flats*

Erected on a site previously occupied by a home for the aged, this autonomous urban fragment slots smoothly into the open layout of a 1960s housing estate.

Short gallery-access flats and patio dwellings arranged in compact blocks form the walls of a wedge-shaped green space, the true heart of the ensemble. Narrow alleyways between the patio dwellings connect Donderslaan with this neighbourhood park. On the opposite side, oval bicycle sheds differentiate the spaces between the flats and enhance the spatial character of the park, while at the same time removing the need for a blank-walled storage level. Nor are there any balconies; sliding glass doors turn the living room into an internal balcony.

The abstract, plain and very precise architecture, combined with the restrained layout of the public space (up to and including the street lighting) lends this modest public space considerable distinction.

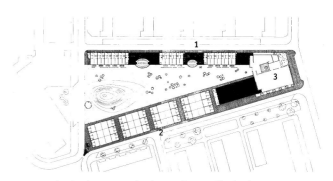

1. Landsteinerlaan, 2. Donderslaan, 3. bestaand kerkgebouw
existing church building

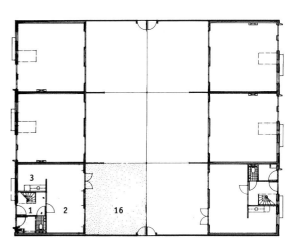

begane grond patiowoning *ground floor patio dwelling*

eerste verdieping *first floor*

entrees patiowoningen *entrances patio dwellings*

Projectarchitecten *Job Architects*: Jo Coenen, Geert Coenen, Hans van Niedek
Medewerkers *Contributors*: André Walraven, Bert Jeurissen
Opdrachtgever *Commissioned by*: Woningstichting VZOS, Den Haag
Aannemer *Contractor*: Intervam-West, Rijswijk
Categorie *Sector*: 75 huur, 43 koop, 1 bedrijfsruimte *75 rental housing, 43 owner-occupied housing, 1 business premises*
Differentiatie *Differentiation*: 25 twee-, 3 drie-, 22 vier-, 24 vijfkamerwoningen en 1 zeskamerwoning, 15 drie-, 21 vier- en 7 vijfkamerappartementen *25 two-room, 3 three-room, 22 four-room, 24 five-room dwellings and 1 six-room dwelling, 15 three-room, 21 four-room and 7 five-room apartments*

Jo Coenen & Co Architekten
Vaillantlaan
Den Haag: Vaillantlaan
1991-1994

De verbreding van de 1100 meter lange Vaillantlaan van 22 tot 32 meter werd aangegrepen om een samenhangend stedelijk beeld te creëren. Hiertoe ontwikkelde Jo Coenen een bouwdoos van elementen, waarmee de gevels van de achtereenvolgende blokken door de diverse architectenbureaus in samenhang ontwikkeld konden worden. Een klassieke driedeling, een geabstraheerd klassieke vormentaal en verdiepinghoge betonnen raamelementen met diepgeplaatste kozijnen vormen de basiselementen van het plan. Hoge winkelarcaden onderstrepen de negentiende-eeuwse inspiratie. Achter de streng gereglementeerde gevel gaan zowel portiek- als galerijontsloten woningen schuil. Zelf ontwierp Coenen blok één met een arcade aan het Paletplein.

1. verbrede Vaillantlaan *enlarged Vaillantlaan*

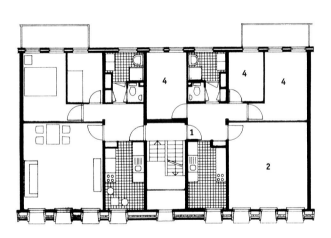

The project to widen the 1100-metre-long Vaillantlaan from 22 to 32 metres provided the coordinating architects with an opportunity to create a coherent cityscape. Jo Coenen developed a special building box of façade elements that enabled the various architectural offices involved in the project to design a coherent succession of façades. The basic elements are: a classical three-part façade, an abstracted classical syntax and floor-to-ceiling concrete window sections with deep-set frames. High-ceilinged shopping arcades underscore the plan's nineteenth-century inspiration. Hidden behind this strictly regulated façade are walk-up flats and gallery-access apartments. Coenen himself designed block one with an arcade along Paletplein.

standaardplattegrond *standard floor plan*

Projectarchitect *Job Architect*: Doeke van Wieren
Uitwerking *Elaboration*: A.G. Nova Architekten, Leeuwarden
Opdrachtgever *Commissioned by*: Woningstichting Patrimonium, Leeuwarden
Aannemer *Contractor*: Van Wijnen, Leeuwarden
Categorie *Sector*: sociale huur *subsidized rental sector*
Differentiatie *Differentiation*: 44 tweekamer-aanleunappartementen (blok A), 8 tweekamer-maisonnettes ('achterpastorie'), 11 tweekamerappartementen (blok B) *44 two-room sheltered apartments (block A), 8 two-room maisonettes ('parsonage round the back'), 11 two-room apartments (block B)*

Gunnar Daan Architektuur
Rond de *Around the* Bonifatiuskerk
Leeuwarden: Amelandsdwinger
1989-1995

De inzet van het plan was met eenvoudige architectonische middelen het stadsprofiel rond de Bonifatiuskerk te verbeteren en loop- en verkeersroutes vanzelfsprekende begrenzingen te geven. Bebouwingsruimte was er echter nauwelijks. Het programma is sterk vervlochten met de stad. Naast de gotische kerk en tegenover de Frederikkazerne is een krachtige architectuur verschenen, die met vloeiende vormen opnieuw binnenstadsruimten maakt. Langs de Amelandsdwinger maakt deze echo van het voormalige bolwerk een historiserende indruk. Aan de binnenstadskant is de ontmoeting van het middeleeuwse stratenpatroon met een galerijflat verrassend. De vuurtorenuitmonstering van noodtrappen en liftschacht versterkt de vervreemding. Een luchtbrug naar het naastgelegen verzorgingshuis compliceert het beeld verder. De straten zijn eenvoudig en helder ingericht. De kleine maisonnettes in de 'achterpastorie' zijn ruimtelijk gemaakt met vides.

1, 2. blok B Amelandsdwinger *block B*, 3. galerijzijde blok B *gallery side block B*, 4. blok A *block A*

1, 2

3, 4

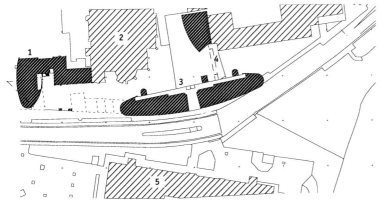

1. blok A *block A,* 2. Bonifatiuskerk, 3. blok B *block B,* 4. luchtbrug *footbridge,* 5. Frederikkazerne

The goal was to improve the urban profile around the church (Bonifatiuskerk) using simple architectural means, and to define logical routes for pedestrian and motorized traffic. The only catch was that there was scant space for development. The programme meshes seamlessly with the surrounding urban fabric. A forceful architecture has sprung up alongside the Gothic church and opposite the barracks (Frederikkazerne), creating new urban spaces with its fluid forms. Along the Amelandsdwinger this echo of the former stronghold has a historicizing effect. On the town-centre side there is a dramatic encounter between the medieval street pattern and a gallery-access flat whose 'lighthouse' accoutrements of fire-escapes and lift shaft add to the sense of estrangement. The picture is further complicated by a footbridge leading to the adjoining home for the aged. The streets are simply and clearly laid out. Voids give a feeling of space to the small maisonettes in the 'parsonage round the back'.

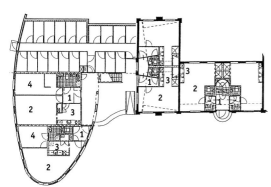

blok A begane grond *block A ground floor*

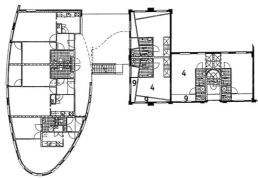

eerste verdieping *first floor*

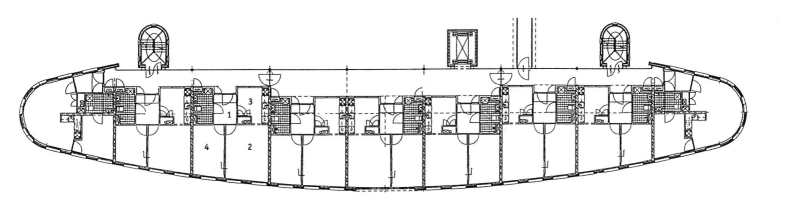

blok B eerste verdieping *block B first floor*

Projectarchitecten *Job Architects*: Dolf Dobbelaar, Herman de Kovel, Paul de Vroom
Medewerker *Contributor*: Wico Valk
Opdrachtgever *Commissioned by*: STZ Woningbouwcorporatie, Rotterdam
Aannemer *Contractor*: Grootel's Bouwmaatschappij, Rotterdam
Categorie *Sector*: sociale huur *subsidized rental sector*
Differentiatie *Differentiation*: 116 drie-, 68 vier- en 8 vijfkamerwoningen *116 three-room, 68 four-room and 8 five-room dwellings*

DKV Architekten
Woonbuurt *Residential Area* Tweebos Dwars
Rotterdam: Afrikaanderplein, Christiaan de Wet- en De la Reyestraat
1989-1993

1. torens Afrikaanderplein *tower blocks*
2. ontsluitingsblok laagbouw *low-rise access block*
3. plein tussen torens en laagbouw *square in between tower blocks and low-rise*
4. gestapelde maisonnettes *stacked maisonettes*

Ter vervanging van twee gesloten bouwblokken in de laat negentiende-eeuwse Afrikaanderwijk werden stroken, torens en een buurtpleintje ontworpen. De moderne gebouwtypen werden in nieuwe varianten en samenhangen toegepast om de structuur van de wijk te versterken, zonder het karakter ervan geweld aan te doen. Vier dwarsgeplaatste stroken sluiten aan op de maat van de bestaande bebouwing, vier woontorens vormen een filter tussen het grote Afrikaanderplein en de achterliggende buurt.

De stroken met gestapelde maisonnettes zijn per twee via loopbruggen verbonden met kleine 'ontsluitingsblokjes'. Hierin zitten telkens het trappenhuis naar de loopbruggen en galerijen, de bergingen en twee maisonnettes. In deze opzet blijft de contour van het gesloten bouwblok min of meer behouden en wordt toch doorzicht op het buurtpleintje en het Afrikaanderplein geboden. De torens met acht woonlagen hebben een half verzonken plint met bergingen. Door de wigvorm schermen de torens het woonbuurtje wat af, tegelijkertijd worden uitzicht en bezonning van de woningen geoptimaliseerd.

1, 2

3, 4

Amsterdam: vervangende nieuwbouw, Victorieplein, 1990-1994 (l) *re-development*; Dordrecht: vijf gebogen stroken, Wantijdijk, 1990-1995 (m) *five curved rows*
Zoetermeer: twee blokken stadswoningen, Rokkeveen, 1992-1994 (r) *two blocks of town houses*

Two perimeter blocks in the late nineteenth-century Afrikaander district have been replaced by open-row housing, tower blocks and a neighbourhood square. New variations and combinations of the modern building types have been deployed so as to reinforce the structure of the district without violating its character. Four transverse rows correspond in size to the existing development; four tower blocks act as a filter between the large-scale Afrikaanderplein and the more intimate neighbourhood behind.

The rows of stacked maisonettes are in effect 'paired off' by footbridges linking them to small 'access blocks' containing the staircase leading to the footbridges and galleries, the storage areas and two maisonettes. This layout serves to retain something of the old perimeter block contours while also offering a vista of the neighbourhood square and Afrikaanderplein. The eight-storey tower blocks stand on a half-submerged plinth containing storage areas. The wedge-shaped layout offers some protection to the housing area behind while guaranteeing the occupants of the tower flats a good view and optimum sunlighting.

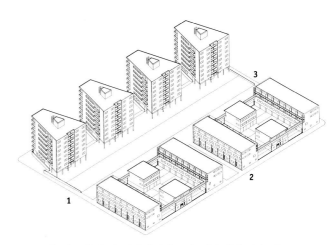

1. Martinus Steijnstraat. 2. De la Reyestraat, 3. Riebeekstraat

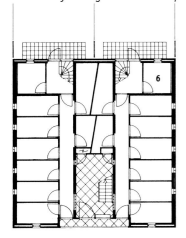
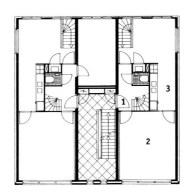
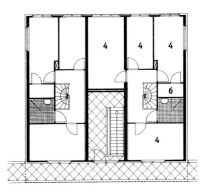

begane grond *ground floor*
ontsluitingsblok laagbouw *low-rise access block*

eerste verdieping *first floor*

tweede verdieping *second floor*

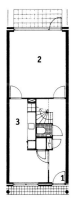
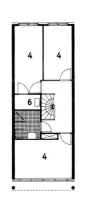
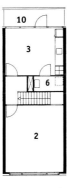
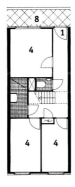

begane grond *ground floor,* eerste verdieping *first floor,* tweede verdieping *second floor,* derde verdieping *third floor*

Projectarchitecten *Job Architects*: Margreet Duinker, Liesbeth Wesseling
Medewerkers *Contributors*: Ton Kip, Inge van Mourik
Opdrachtgevers *Commissioned by*: Proper Stok Woningen, Rotterdam; WBV Onze Woning, Delft
Aannemer *Contractor*: Grootel's Bouwmaatschappij, Rotterdam
Categorie *Sector*: 24 premiehuur, 96 sociale huur *24 state-subsidized rental housing, 96 subsidized rental sector*
Differentiatie *Differentiation*: 120 driekamerwoningen, 1 bedrijfsruimte *120 three-room dwellings, 1 business premises*

Duinker, van der Torre, samenwerkende architecten
Hof van Delft
Delft: Van Foreestweg
1992-1995

In een centrale strook van de Delftse Hof (stedenbouwkundig plan Ashok Bhalotra) zijn drie markante gebouwen geplaatst: de Wintertuin met seniorenwoningen, een elf verdiepingen hoge toren en de Spiegelhof. De drie gebouwen zijn als ensemble ontwikkeld met de Delftse Grote Markt als ruimtelijk model. Ze vormen herkenningspunten in een omgeving van overwegend eengezinswoningen. De Wintertuin bestaat uit twee stroken van drie en vier lagen hoog met een overdekt tussengebied, bedoeld als gemeenschappelijke binnentuin. Op het dak van de laagste strook bevindt zich een gedeeltelijk overdekt gemeenschappelijk terras. De toren met een winkelruimte onderin staat aan een vijver. Hierin ligt als een eiland de Spiegelhof; vier korte, licht gebogen stroken van drie lagen omgeven een ovale straatruimte. Tussen de stroken lopen de galerijen door.

binnenhof Wintertuin *inner courtyard*

Amsterdam: Wijdeveldblok, Insulindeweg/Celebesstraat, 1990-1995 (l)
Amsterdam: invullingen, 2e Jan Steenstraat (de Pijp), 1990-1993 (r) *infills*

Along a central strip in the Delftse Hof district (development plan Ashok Bhalotra), three striking buildings have been erected: the Wintertuin with dwellings for the elderly, an 11-storey-high tower and the Spiegelhof. The three buildings were developed as an ensemble with the old square (Grote Markt) in the centre of Delft serving as a model. The buildings form orientation points in an area of mainly single-family dwellings. The Wintertuin consists of two rows, three and four storeys high with a covered area in-between that is intended as a communal courtyard garden. On the roof of the lower row is a partially covered communal terrace. The tower with shops below stands beside a lake. The oval Spiegelhof is an island in the lake: two pairs of low, slightly curved three-storey rows surround an oval street area. Each pair of rows is linked by galleries.

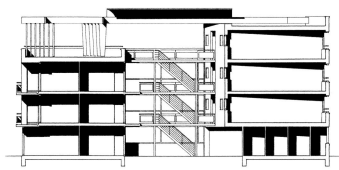

dwarsdoorsnede Wintertuin *cross section*

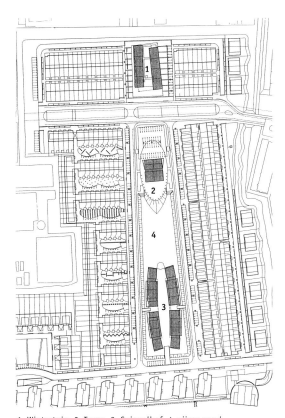

1. Wintertuin, 2. Toren, 3. Spiegelhof, 4. vijver *pond*

Spiegelhof en toren *and tower*

Projectarchitecten *Job Architects*: Theo Peppelman, Machiel van der Torre
Medewerkers *Contributors*: Hens Burger, Cock Peterse
Kunstenaar *Artist*: Hans Muller
Opdrachtgever *Commissioned by*: Stichting Woningbedrijf, Amsterdam
Aannemer *Contractor*: Florie en Van den Heuvel, Nieuwegein
Categorie *Sector*: 77 sociale huur, 36 koop *77 subsidized rental sector, 36 owner-occupied housing*
Differentiatie *Differentiation*: 32 twee-, 64 drie-, 13 vier- en 4 vijfkamerwoningen, parkeer-
garage met 48 plaatsen, sociaal-culturele voorzieningen *32 two-room, 64 three-room, 13 four-
room and 4 five-room dwellings, car park for 48 cars, social-cultural facilities*

Duinker, van der Torre, samenwerkende architecten
Terrein *Site* Burgerziekenhuis
Amsterdam: Domselaer- en Oetewalerstraat
1990-1994

Twee stadsvilla's van vier lagen en een strookgebouw van acht lagen staan op het achterterrein van het voormalige Burgerziekenhuis. Het is de uitwerking van een stedenbouwkundig plan van Mecanoo. De stadsvilla's vormen een reeks met het voormalige operatiepaviljoen langs de Oetewalerstraat, het strookgebouw sluit het terrein aan de achterkant af. Het souterrain van de flat bevat een parkeergarage en een halve verdieping van de maisonnettes die op de bel-etage via portieken worden ontsloten. Ook de appartementen op de drie lagen daarboven zijn vanuit deze portieken toegankelijk. Daarboven is het gebouw een galerijflat met op de zesde laag een woongroep voor ouderen. De koppen zijn afwijkend ingevuld. Het gebouw reageert in zijn architectuur aan alle kanten specifiek op de omgeving, waardoor een complex beeld is ontstaan.

invulling Oetewalerstraat *infill*

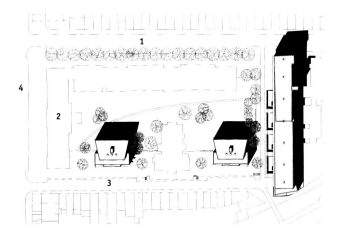

1. Domselaerstraat, 2. voormalig Burgerziekenhuis *former hospital,*
3. Oetewalerstraat, 4. Linnaeusstraat

Two four-storey urban villas and one eight-storey 'open row block' stand on the grounds behind the former hospital (Burgerziekenhuis). They are the elaboration of a development plan produced by Mecanoo. The urban villas complement the former operating pavilion on Oetewalerstraat, the row housing closes off the site at the back. The basement of the block of flats contains a car park and an entresol belonging to the maisonettes which are accessed via porches on the main floor. The porches also provide access to the apartments on the next three levels. Above this the building becomes a gallery-access flat with a 'commune' for elderly people on the sixth floor. The end façades differ from the rest of the building; indeed, the building responds on all sides to its surroundings, thus generating an architecturally complex picture.

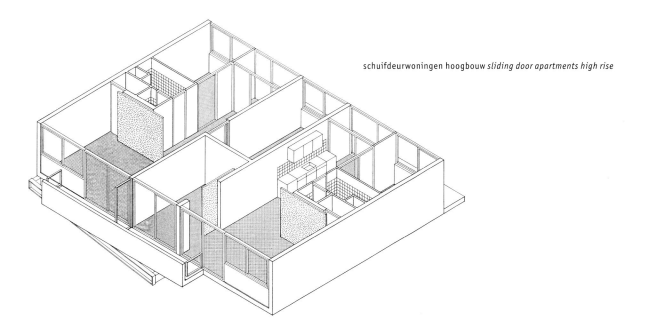

schuifdeurwoningen hoogbouw *sliding door apartments high rise*

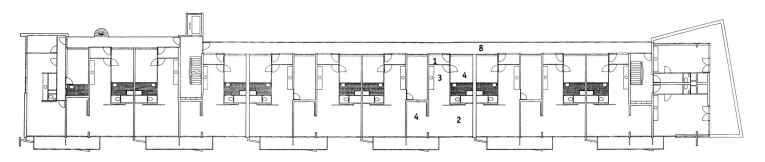

verdieping 4-5 *floor*

Projectarchitect *Job Architect*: Babet Galis
Medewerker *Contributor*: Maarten 't Hart
Opdrachtgever *Commissioned by*: Karbouw Bouwbedrijf, Amersfoort
Aannemer *Contractor*: Karbouw Bouwbedrijf, Amersfoort
Categorie *Sector*: koop *owner-occupied housing*
Differentiatie *Differentiation*: 8 zeskamerwoningen met garage *8 six-room dwellings with garages*

Architektenburo Galis
Drive-in woningen *Drive-in Houses* Kattenbroek
Amersfoort: Springerstraat
1993-1994

Aan de straatzijde manifesteren de drive-in woningen zich weinig geprononceerd. Alleen de bakstenen gevelplaat van de eerste verdieping geeft enig houvast. Aan de achterzijde, waar men uitkijkt over de centrale vijver van Kattenbroek, wordt het riante karakter van deze woningen pas duidelijk. De woonkamers met vide liggen vanwege het uitzicht op de eerste verdieping. Gigantische, uitkragende terrassen onderstrepen deze kwaliteit. Met staal, hout en beton wordt de architectuur op heldere wijze ontwikkeld.

straatzijde *street side*

parkzijde *park side*

Seen from the street these drive-in houses look fairly understated. The only arresting feature is the profiled brick cladding on the first floor. It is only at the rear, which looks out over the central lake in Kattenbroek, that the luxurious nature of the dwellings becomes apparent. The living rooms with void have been placed on the first floor in order to take advantage of the view. Huge, cantilevered terraces emphasize this amenity. All in all a lucid architectural design in which steel, wood and concrete have been used to good effect.

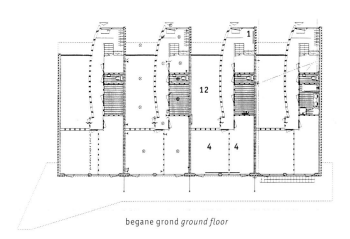

begane grond *ground floor*

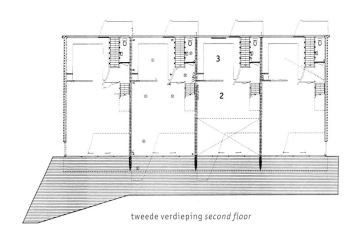

tweede verdieping *second floor*

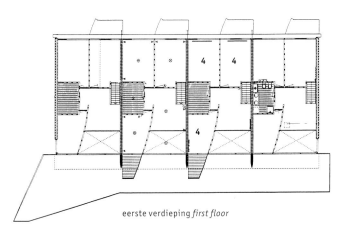

eerste verdieping *first floor*

Projectarchitect *Job Architect*: Jeroen Geurst
Medewerkers *Contributors*: Theo van de Beek, Stanley Dymanus, Erwin van der Wilk, Peter Keller, Jeroen Smit
Opdrachtgevers *Commissioned by*: Amstelland Vastgoed, Rotterdam; Laakhaven Hollands Spoor, Den Haag
Aannemers *Contractors*: V.O.F. Tiemstra West, Cappelle a/d IJssel; Wilma Bouw, Den Haag
Categorie *Sector*: 38 huur, 70 koop *38 rental housing, 70 owner-occupied housing*
Differentiatie *Differentiation*: 64 drie- en 44 vierkamerappartementen, bedrijfsruimten, parkeergarage met 90 plaatsen *64 three-room and 44 four-room apartments, business premises, car park for 90 cars*

Geurst & Schulze architekten
Woningbouw *Housing* Laakhaven
Den Haag: Rijswijkseweg, Fijnje- en Goudriaankade
1992-1996

Het project reageert op de verschillen in het gebied: een wand van vijf lagen langs de drukke Rijswijkseweg zal in de toekomst worden aangevuld met vier torens aan het water van de Laakhaven. De nu gerealiseerde wand bevat, naast een parkeergarage in het souterrain, diverse woningtypen. De woningen worden ontsloten door middel van korte galerijen en portieken. Deze geven de gevel ritme, wat nog versterkt wordt door het metselwerk dat bij ieder portiek iets naar buiten krult.

Almere-Buiten: woningen, Sienastraat (Regenboogbuurt), 1992-1996 *dwellings*

The project responds to differences in the area: a wall of five floors along the busy Rijswijkseweg is to be supplemented with four tower blocks on the Laakhaven waterfront. The present development, in addition to a basement car park, comprises a variety of dwelling types. Access to the dwellings is via short galleries and porches that impart rhythm to the façade; this is reinforced by the slightly outward-curling brickwork of the porches.

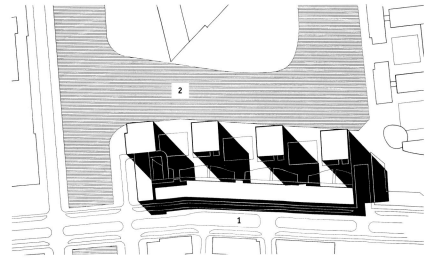

1. Rijswijkseweg, 2. Laakhaven

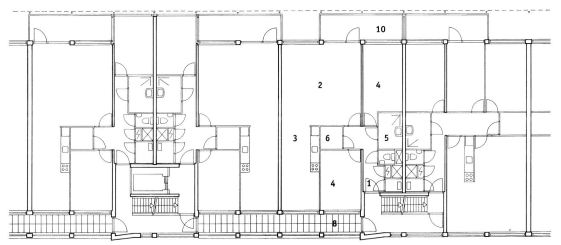

fragment derde verdieping *third floor fragment*

Projectarchitect *Job Architect*: Rens Schulze
Medewerkers *Contributors*: Robin van de Ven, Hans Teunissen
Opdrachtgever *Commissioned by*: Gemeentelijk Woningbedrijf Centrum, Den Haag
Aannemer *Contractor*: Van Houwelingen, Hardinxveld-Giessendam
Categorie *Sector*: sociale huur *subsidized rental sector*
Differentiatie *Differentiation*: 62 eenheden *62 units*

Geurst & Schulze architekten
Studentenhuisvesting *Student Accommodation*
Den Haag: Bilderdijkstraat
1992-1994

De straatgevel neemt omgevingskarakteristieken in zich op: grijze plint, baksteen gevel, verticale vensters en een dakrand. De achtergevel toont een modernistisch gezicht: gestucte gevelvlakken met horizontale vensters onderbroken door portieken. Op het binnenterrein staat een rond gebouw met vier eenheden per laag.

Amsterdam: kwadrantwoningen, Le Tourmalet (de Aker), 1992-1995 (l) *quadrant dwellings*
Amsterdam: carportwoningen, Monte Viso (de Aker), 1992-1995 (r) *carport dwellings*

The street elevation incorporates features of the surrounding development: grey plinth, brick façade, vertical windows and a cornice. The back elevation exhibits a modernist face: stuccoed façade surfaces with horizontal windows punctuated by porches. A round building on the central court, containing four units per floor.

gevel Bilderdijkstraat *façade*

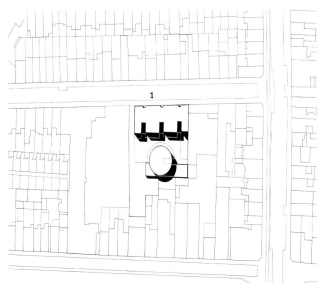

1. Bilderdijkstraat

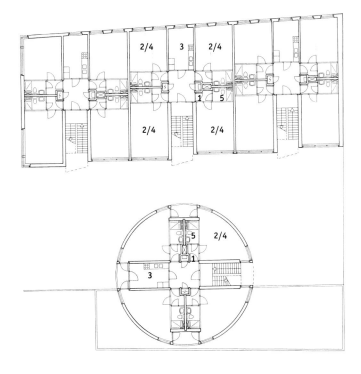

standaardplattegrond *standard floor plan*

plattegrond ronde gebouw *floor plan round building*

Projectarchitecten *Job Architects*: H.C. Sipkens, R.B. Jansen
Medewerker *Contributor*: H.J. van den Berg
Opdrachtgever *Commissioned by*: Detam Pensioenservices, Utrecht
Aannemer *Contractor*: Bouwcombinatie Hoornse Meer, Groningen
Categorie *Sector*: huur *rental housing*
Differentiatie *Differentiation*: 22 drie- en 20 vierkamerappartementen *22 three-room and 20 four-room apartments*

Groosman Partners
Flat op poten *Block of Flats on Stilts*
Groningen: Allendeplein (Hoornse Meer)
1990-1993

Het lichtgekromde flatgebouw op poten staat in een uitbreidingswijk van Groningen. Door de gebogen vorm verzelfstandigt het gebouw zich en geeft het vorm en richting aan de openbare ruimten die hier samenkomen. De holle kant vormt een wand van het Allendeplein, dat aan het Hoornse Meer ligt. De bolle zijde sluit de verbindingslaan met de Groninger binnenstad af. Het gebouw is opgetild om de zichtrelatie met het plein en het water in stand te houden.

Delft: Ecodus, woonbuurt met milieudoelstellingen, Van der Dussenweg, 1989-1993 *environmentally-conscious residential area*

This slightly curved apartment building on stilts stands in an overspill area of the city of Groningen. Its curved shape sets the building apart while also conferring form and direction on the public spaces that converge here. The concave side fronts onto Allendeplein which in turn looks out over the waters of the Hoornse Meer. The convex side closes off the thoroughfare leading to Groningen city centre. The building was raised above ground level so as to maintain the view of the square and the water beyond.

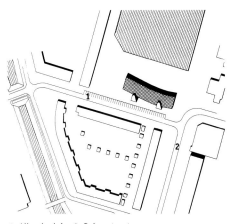

1. Allendeplein, 2. Palmestraat

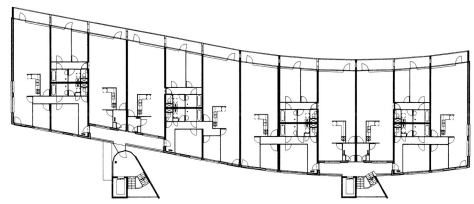

standaardverdieping *standard floor*

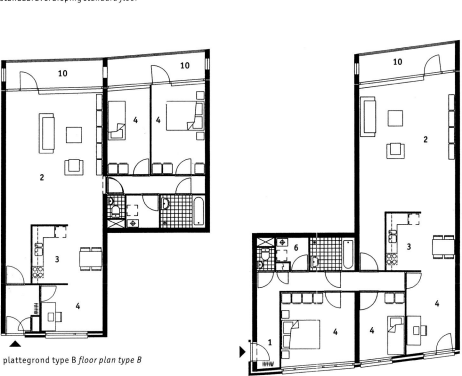

plattegrond type B *floor plan type B*

plattegrond type A *floor plan type A*

Projectarchitect *Job Architect*: Hans van Heeswijk
Medewerker *Contributor*: P. Seuntjes
Kunstenaar *Artist*: R.D.E. Oxenaar
Opdrachtgever *Commissioned by*: Woningstichting Lieven de Key, Amsterdam
Aannemer *Contractor*: Grootel Noord/West, Amsterdam
Categorie *Sector*: 16 huur, 18 sociale huur, 19 koop *16 rental housing, 18 subsidized rental sector, 19 owner-occupied housing*
Differentiatie *Differentiation*: 16 twee- (senioren), 18 drie- en 15 vierkamerappartementen, 4 driekamermaisonnettes, 2 winkels *16 two-room (for the elderly), 18 three-room and 15 four-room apartments, 4 three-room maisonettes, 2 shops*

Hans van Heeswijk architect
Gaten in de *Gaps in the* Dapperbuurt
Amsterdam: Linnaeus-, Commelin-, Dapper- en Von Zesenstraat
1992-1995

Drie invulprojecten in de Dapperbuurt laten een uniforme aanpak zien. Diverse woningtypen gaan schuil achter strakke vliesgevels. Transparante glazen liften en trappenhuizen koppelen de blokfragmenten en relateren het leven achter de gevelvlakken aan de straat. De dichtregels en tekens op de gevels zetten de wat wijkende grijze vlakken op hun plaats vast en introduceren detail in een architectuur die juist ieder zichtbaar detail tracht te vermijden. Het project poogt aan te tonen dat het technische niveau van gevelafwerking in de kantorenbouw ook in de woningbouw is te realiseren.

hoek Dapperstraat/Commelinstraat *corner*

Three infill projects in the Dapper district exhibit a uniform approach. Various dwelling types are concealed behind taut curtain walls. Transparent glass lifts and stairwells link the individual blocks and connect the life behind the façade surfaces to the street. The lines of verse and symbols on the façades serve to anchor the slightly receding grey panels and introduce detail into an architecture that is intent on avoiding all suggestion of detail. The project attempts to demonstrate that the technical quality of façade finishing achieved in office building is also feasible in housing.

Von Zesenstraat

hoek Linnaeusstraat/Commelinstraat *corner*

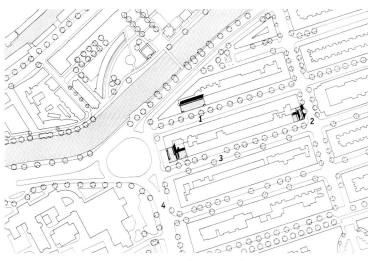

1. Von Zesenstraat, 2. Dapperstraat, 3. Commelinstraat, 4. Linnaeusstraat

Projectarchitect *Job Architect*: Arne van Herk
Medewerkers *Contributors*: Jan Kooijman, Laura Weeber, Annemarie Pol, Willy Houben
Opdrachtgever *Commissioned by*: Woningbouwvereniging Groene Stad, Almere
Aannemer *Contractor*: Trebbe Bouwbedrijven, Zwolle
Categorie *Sector*: sociale huur *subsidized rental sector*
Differentiatie *Differentiation*: 91 twee- en driekamerwoningen, kinderdagverblijf (boogblok);
102 driekamerwoningen, 18 driekamermaisonnettes, bedrijfsruimten (urban villa's) *91 two-room
and three-room apartments, day nursery (curved block); 102 three-room apartments, 18 three-
room maisonettes, business premises (urban villas)*

Van Herk en De Kleijn architecten
Boogblok en zes urban villa's
Curved Block and Six Urban Villas
Almere-Stad: Cinema- en Veluwedreef
1991-1994

Het ontwerp voor de 211 woningen is een voorbeeld van urban design. Gelegen langs de ringweg en een van de hoofdtoegangswegen naar het stadscentrum begeleiden een boog en zes lage torens de bewegingen van het (auto)verkeer. De binnenkomende automobilist wordt met gesloten, ronde, ritmische vormen zonder afleiding begeleid naar zijn doel: het centrum. De blik van de vertrekkende automobilist blijft haken aan hoekige vormen en details van bewoning: deuren, ramen en balkons.

De stoer ogende urban villa's zijn relatief slank doordat er slechts drieënhalve woning per laag aanwezig is: drie appartementen zijn gecombineerd met een maisonnette. De hoge laag op de begane grond bevat naast de bergingen, bedrijfsruimten voor onder meer een restaurant, een winkel en naschoolse opvang. Een kinderdagverblijf maakt deel uit van het boogblok.

urban villa's vanuit de stad gezien *urban villas seen from the city centre*

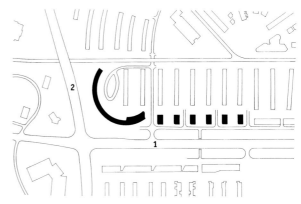

Zeewolde: seniorenappartementen, garages en winkels, Raadhuisplein, 1993-1995 *apartments for the elderly, garages and shops*

This design for 211 dwellings is a model of urban design. Situated along the orbital road and one of the main approach roads to the city centre, a curved block and six low tower blocks accompany the flow of traffic in and out of the city. A series of closed, rounded, rhythmical shapes smoothly steers arriving motorists to their goal: the city centre. The departing motorist's gaze is invited to linger on angular shapes and details of residence: doors, windows and balconies.

The sturdy-looking urban villas are relatively slender thanks to the fact that there are only three-and-a-half dwellings on each level: three apartments are combined with a maisonette. In addition to the storage areas, the high-ceilinged ground floor level contains business premises for among other things a restaurant, a shop and an after-school centre. There is a day nursery in the curved block.

1. Cinemadreef, 2. Veluwedreef

standaardverdieping urban villa *standard floor*

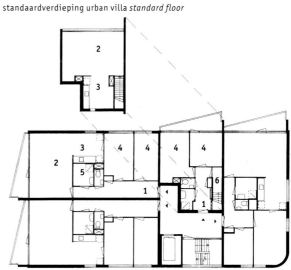

Projectarchitecten *Job Architects*: Arne van Herk, Laura Weeber
Medewerkers *Contributors*: Annemarie Pol, Mark Perotti
Opdrachtgever *Commissioned by*: Woningbouwvereniging Volksbelang, Almelo
Aannemer *Contractor*: Bouwbedrijf Roosdom Tijhuis, Rijssen
Categorie *Sector*: 39 sociale huur, 30 koop *39 subsidized rental sector, 30 owner-occupied housing*
Differentiatie *Differentiation*: 33 drie- en 3 vijfkamerwoningen, 33 vierkamermaisonnettes,
2 bedrijfsruimten, 15 garages *33 three-room and 3 five-room dwellings, 33 four-room
maisonettes, 2 business premises, 15 garages*

Van Herk en De Kleijn architecten
Van Gogh-complex
Almelo: Rembrandtlaan, Johan Jongkindstraat
1992-1995

Op de plaats van een rijtje verloederde flats uit de jaren zestig kwam een halfopen bebouwing. Zes laagbouwstroken liggen tussen zwarte, geperforeerde muren. Het onderscheid tussen openbaar en privé, voorheen problematisch, wordt zo verduidelijkt; de straat wordt ruimtelijk gedefinieerd. Door de stroken deels schuin te plaatsen, ontstaan vijf driehoekige hofjes. De voordeuren van de huizen liggen aan twee hofjes met parkeerplaatsen, groen en speelruimte. Grote glaspuien naast de voordeuren versterken het gevoel van sociale controle. De overige drie hofjes bevatten tuinen en bergingen. Deze laatste zijn geconcentreerd in ovale schuurgebouwtjes, waardoor versplintering van de hofruimte kon worden tegengegaan. Bij de hogere koppen langs de Rembrandtlaan kan de woning op de begane grond gecombineerd met de maisonnette daarboven worden gehuurd.

eengezinswoningen *single-family dwellings*

A dilapidated row of 1960s flats has been replaced by a semi-open development. Six low-rise rows are situated between black, perforated walls which serve to define the street and to clarify the previously problematical distinction between public and private. By placing some of the rows at an angle, five triangular courts have been created. The front doors of the houses face onto two courtyards containing parking spaces, greenery and a playing area. Large glazed lower fronts beside the front doors increase the sense of social control. The other three courtyards contain gardens and storage spaces. The latter are concentrated in oval sheds that prevent the courtyard area from becoming fragmented. In the taller end volumes fronting onto Rembrandtlaan, the ground floor dwelling and the maisonette above can be rented as a single dwelling.

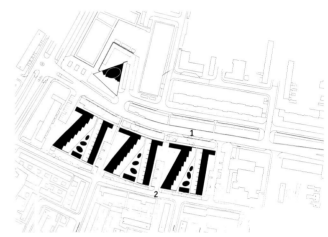

1. Rembrandtlaan, 2. Johan Jongkindstraat

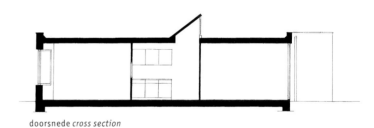

doorsnede *cross section*

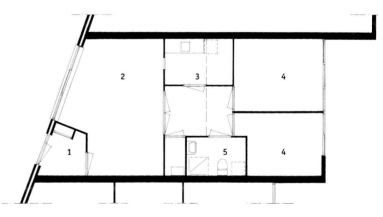

seniorenwoning *dwelling for the elderly*

Projectarchitect *Job Architect*: Vera Yanovshtchinsky
Medewerker *Contributor*: Marco Mud
Opdrachtgever *Commissioned by*: Woningstichting VZOS, Den Haag
Aannemer *Contractor*: Intervam West, Rijswijk
Categorie *Sector*: sociale huur *subsidized rental sector*
Differentiatie *Differentiation*: 2 twee-, 50 drie-, 36 vier-, 8 vijf- en 13 zeskamerappartementen,
2 winkels, 2 parkeergarages met 80 plaatsen *2 two-room, 50 three-room, 36 four-room, 8 five-room and 13 six-room apartments, 2 shops, 2 car parks for 80 cars*

HOLY architecten
Straat van stand *A Street of Standing*
Den Haag: Gerard Dou- en Hobbemastraat
1990-1992

Het project vult twee tegenover elkaar gelegen kanten van de Gerard Dou-straat in. Een zijde is onderdeel van een bouwblok dat ook aan de Vaillant-laan grenst en dus voor dat deel onder het regime van Jo Coenens SAP (Stedenbouwkundig Architectonisch Plan) voor deze laan valt, al behoort de Gerard Doustraat zelf niet tot het plangebied. Toch is de architectuur wel afgestemd op die van de Vaillantlaan: een grijze 'stenen' plint, de verdiepingen met strakke bakstenen gevelvlakken en een bekronende bovenste laag. Achter het uniforme straatbeeld gaat een grote diversiteit aan woningen schuil. Alle woonvertrekken liggen aan de straat en de hal zorgt voor een scheiding tussen de rustige en actieve woningdelen.

Den Haag: 's-Gravenzandelaan, 1990-1993 (l); Den Haag: geclusterde koopwoningen, Dedemsvaartweg, 1994-1995 (r) *clustered owner-occupied housing*

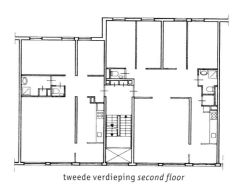

derde verdieping *third floor*

The project fills in two opposite sides of Gerard Doustraat. One side is part of a block that also borders Vaillantlaan and is to that extent governed by Jo Coenen's architectural master plan (SAP) for this avenue. Although Gerard Doustraat does not actually fall within the planning area, the architecture takes its cue from that of the Vaillantlaan: a grey 'stone' plinth, taut brick façade surfaces for the upper floors and a 'crowning' top level. This uniform streetscape masks a great variety of dwelling types. Nonetheless, all the living rooms face the street and the hall separates the quiet and active living zones.

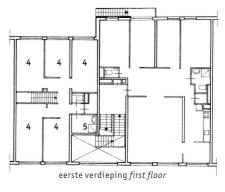

tweede verdieping *second floor*

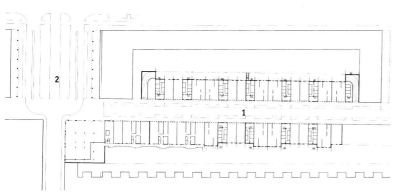

1. Gerard Doustraat, 2. Vaillantlaan

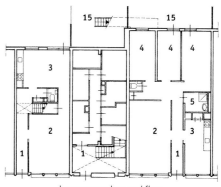

eerste verdieping *first floor*

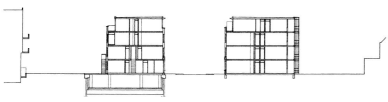

dwarsdoorsnede *cross section*

begane grond *ground floor*

Projectarchitecten *Job Architects*: Jurjen van der Meer, Joke Vos
Opdrachtgever *Commissioned by*: Woningbouwvereniging Vreewijk-Lombardijen, Rotterdam
Aannemer *Contractor*: Volker Bouwmaatschappij, Rotterdam
Categorie *Sector*: sociale huur *subsidized rental sector*
Differentiatie *Differentiation*: seniorenwoongroep met 26 driekamerappartementen en
gemeenschappelijke ruimten *community for the elderly with 26 three-room apartments and
communal rooms*

Karelse Van der Meer Architecten
De Schakel
Rotterdam: Molièreweg
1992-1994

Het project is ontstaan op initiatief van een ouderenwoongroep. Het gebouw ligt in een groenstrook langs een singel in Lombardijen, een wijk uit de jaren zestig. De weinig spectaculaire architectuur is consistent met zijn situering. Aan de singelzijde is een strakke baksteengevel rond de galerijflat gevouwen. Het robuuste beeld wordt genuanceerd door baksteenen kaders waarin de balkons en erkers zijn gevat. Aan de andere zijde overheerst de lichtheid van stuc, staal en beton. Zonder enige polemiek of theoretisch standpunt te zoeken, heeft de architect zich zorgvuldig gekweten van zijn taak. Het project kreeg de Bouwkwaliteitsprijs 1995 van de dienst Stedenbouw en Volkshuisvesting van Rotterdam.

1. Molièreweg, 2. Dumasstraat

Spijkenisse: atriumgebouw voor senioren en gehandicapten, M.A. de Ruijterstraat, 1992-1995 (l/m) *atrium building for elderly and disabled people*
Groningen: woontoren, Boerhavelaan (Hoornse Meer), 1995-1996 (r) *tower block*

The project was initiated by an elderly people's community. The building is situated in a canal-side greenbelt in the 1960s Lombardijen district. The unassuming architecture is in keeping with the location. On the canal side a sober brick façade has been folded around the gallery-access flat. The building's stolid demeanour is qualified by the brick frames around the balconies and bay windows. On the other side lightness of stucco, steel and concrete prevails. The architect has produced a meticulous piece of architecture that eschews polemic and theoretical statement. The project was awarded the 1995 prize for architectural quality by the Rotterdam Urban Planning and Public Housing Agency.

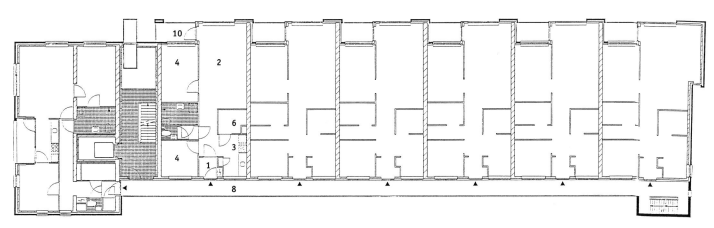

eerste en tweede verdieping *first and second floor*

Projectarchitect *Job Architect*: Ana Fernandez
Opdrachtgevers *Commissioned by*: Bouwvereniging Bedum; Stichting De Noorderbrug, Groningen
Aannemer *Contractor*: BAM Woningbouw, Leeuwarden
Categorie *Sector*: sociale huur *subsidized rental sector*
Differentiatie *Differentiation*: 20 eenheden voor gehandicapten, 1 eenheid met 4 eenkamer-
woningen, 9 twee- en 10 driekamerappartementen *20 units for disabled people, 1 unit with 4 one-
room dwellings, 9 two-room and 10 three-room apartments*

KAW Architekten
Samen wonen *Living Together*
Bedum: Langs de Lijn
1992-1995

Tegenover het station in Bedum ligt een langgerekt blok van drie lagen met galerijen. Hierin wonen zowel lichamelijk gehandicapten als jongeren. Een paviljoen in de tuin, dat met een gang aan het hoofdgebouw is gekoppeld, is ingericht voor zwaar gehandicapten. Met enkele dramatische elementen wordt de simpele galerijflat spannend gemaakt: verschillen in raambehandeling, erkers met loggia's en bergingen met golfplaat bekleed aan de punten. Aan de entreezijde zijn lage uitbouwen toegevoegd. Op de hoogte van de ingang wordt het gebouw op de verdiepingen onderbroken; een collage op het breekpunt van desintegratie.

parkzijde *park side*

Zuidwolde: appartementengebouwen, Kooyplasse, 1992-1994 (l) *apartment buildings*; Groningen: woningen, Badstratenplein, 1993-1995 (m) *dwellings*;
Groningen: senioren- en gehandicaptenappartementen, Molukkenplantsoen, 1991-1995 (r) *apartments for elderly and disabled people*

Opposite the station in Bedum is an elongated gallery-access block of three levels. Here young and physically disabled people live together in the same building. In the garden a pavilion linked by a corridor to the main building has been fitted out for severely disabled residents. A simple gallery-access flat has been rendered exciting by a few dramatic features: differences in window treatment, bay windows with loggia, storage areas clad with corrugated sheet at the corners. On top of this there are low extensions on the entrance side and a caesura in the upper floors above the entrance. In short, a collage poised on the brink of disintegration.

voor- en achtergevel *front and rear elevations*

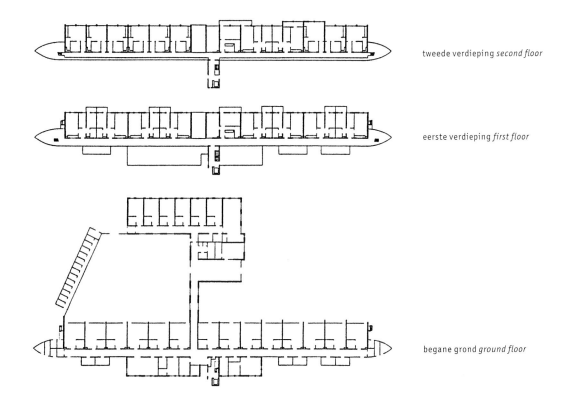

tweede verdieping *second floor*

eerste verdieping *first floor*

begane grond *ground floor*

Projectarchitecten *Job Architects*: Hans Kollhoff, Christian Rapp
Kunstenaar *Artist*: Arno van der Mark
Tuinarchitect *Landscape Architect*: Mien Ruys
Opdrachtgever *Commissioned by*: Woonstichting De Doelen, Amsterdam
Aannemer *Contractor*: Slokker Bouwmaatschappij, Huizen
Categorie *Sector*: huur, sociale huur *rental housing, subsidized rental sector*
Differentiatie *Differentiation*: 62 twee-, 133 drie-, 69 vier-, 15 vijf- en 6 zeskamerappartementen
waaronder 22 woon/werkwoningen, bedrijfsruimte, parkeergarage *62 two-room, 133 three-room,
69 four-room, 15 five-room and 6 six-room apartments including 22 home/office dwellings,
business premises, car park*

Hans Kollhoff met Christian Rapp
Piraeus
Amsterdam: KNSM-laan, Levantkade
1989-1994

In het stedenbouwkundig plan van Jo Coenen voor het KNSM-eiland vormt dit blok het krachtigste element. Het imposante gebouw met zijn zinken dak vangt de blik al van verre. De 300 woningen zijn opgenomen in een massieve, gevouwen vorm, die tegelijk eenvormig en aan iedere zijde verschillend is. Het vervormde en gedeeltelijk opengebroken bouwblok voegt zich naar de aanwezige elementen (een parkje aan de westkant en een tot woningen verbouwd bedrijfspandje aan de zuidzijde), zonder zijn eigenheid op te geven. Met een kleur baksteen, twee raamtypen en blank-houten entrees en winkelpuien is het hele complex gematerialiseerd. Om zoveel mogelijk woningen van zon en uitzicht te laten profiteren, is het blok aan de zuidzijde lager gehouden. Daar, langs de kade, zijn ook winkelruimten opgenomen. De basistypologie is een portiekontsloten driekamerwoning met inpandige balkonkamer, maar door de onregelmatige blokvorm zijn er 150 verschillende woningtypen ontstaan, deels aan galerijen. Spectaculair zijn de zeer hoge atelierwoningen onder de schuine kap en enkele woningen die zowel op de KNSM-laan als op twee verschillende binnenplaatsen uitzien. De tuin is door Mien Ruys ontworpen en de 24 kolommen met verlichte stadsplattegronden in de poort aan de westzijde zijn van Arno van der Mark.

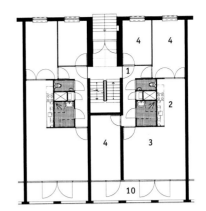

This imposing zinc-capped block is the most powerful element in Jo Coenen's master plan for the KNSM island and an eye-catcher for miles around. The 300 dwellings have been incorporated into a massive, folded form that is simultaneously uniform and different on every side. The distorted and partially fractured perimeter block harmonizes with the existing elements (a small park on the west side and business premises converted to dwellings on the south side) without surrendering its individuality. One colour of brick, two types of windows and entrances and shop fronts of natural wood have been used throughout the complex. On the south side the block has been kept a little lower in order to enable the dwellings to benefit as much as possible from the sunlight and the view. This side, along the quay, also incorporates retail premises. The basic typology is a three-room walk-up flat with indoor balcony-room but because of the irregular shape of the block there are 150 different types of dwelling, some of them gallery-access. Spectacular is the only word for the very high studio dwellings under the sloping roof and a few dwellings that front onto the KNSM-laan and two different courtyards. The garden was designed by Mien Ruys; the 24 columns sporting illuminated city street plans and situated in the gateway on the west side are by Arno van der Mark.

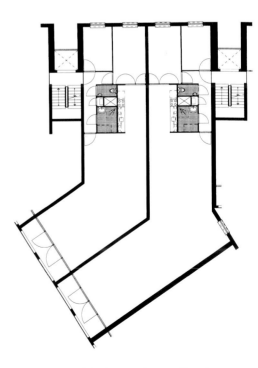

enkele plattegronden *some floor plans*

Projectarchitecten *Job Architects*: Teun Koolhaas, Kees Bentvelsen, Marcel Fleer, Ellen Marcuse
Medewerker *Contributor*: Ingeborg Kleijnjan
Opdrachtgever *Commissioned by*: BPF-Bouw, Amsterdam
Aannemer *Contractor*: Smits Bouwbedrijf, Beverwijk
Categorie *Sector*: huur *rental housing*
Differentiatie *Differentiation*: 38 drie- of vierkamerwoningen (indeling naar keuze), 8 twee- of driekamermaisonnettes, 2 bedrijfsruimten *38 three-room or four-room dwellings (geography after own choice), 8 two-room or three-room maisonettes, 2 business premises*

Teun Koolhaas Associates
Life Style woningen *Dwellings*
Diemen: Distelvlinderweg
1992-1994

Het project is voortgekomen uit een meervoudige studieopdracht naar 'grondgebonden woningen voor tweeverdieners en actieve senioren'; nieuwe doelgroepen op de woningmarkt. Twee verkeerscircuits per woning maken verschillend gebruik van de neutrale plattegronden mogelijk: kantoor-aan-huis, voordeurdelen, enzovoorts. Sommige kamers hebben twee toegangen en zijn dus deelbaar. Centraal in de woning ligt de natte cel en een 'diffuse' ruimte met bovenlicht, die bijvoorbeeld als bibliotheek kan worden gebruikt.

De zes stroken liggen met de entrees aan drie straatjes, die respectievelijk 'dorps' (gemetseld) en 'stedelijk' (aluminium beplating) van karakter zijn. De vier middelste stroken sluiten twee semi-openbare groene binnenterreinen in, die wat zijn opgehoogd en door middel van tuinmuren en pergola's van de straat worden gescheiden.

Almere-Stad: vier blokken, Cinemadreef, 1992-1994 *four blocks*

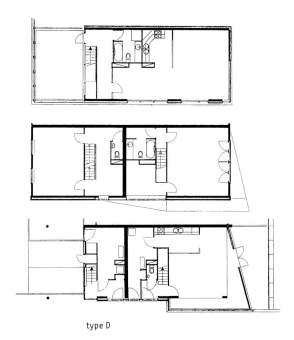

This project was the result of a limited ideas competition for 'ground-accessed dwellings for working couples and active senior citizens', two new target groups in the housing market. The combination of two different circulation routes and neutral floor plans makes possible a multiplicity of functions: office from home, house sharing, etcetera. Some rooms have two doorways and are thus divisible. Concentrated at the centre of the dwellings are the wet services and a 'diffuse' area with skylight that might for instance be used as a library.

The six rows of houses front onto three streets: two 'urban' (aluminium panelling) and one 'village' street (brick). The backs of the four centre rows look out over two slightly raised semi-public garden courts that are separated from the street by garden walls and pergolas.

type D

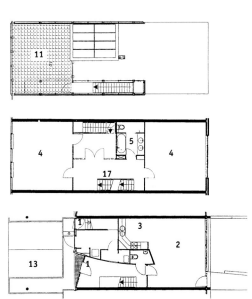

type B

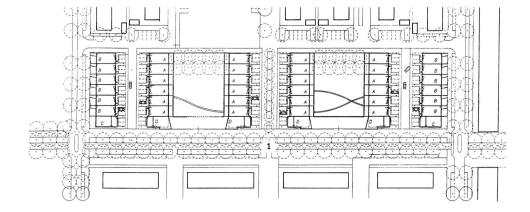

1. Distelvlinderweg

Projectarchitecten *Job Architects*: Lucien Lafour, Rikkert Wijk, Jan van Berge, Jeroen Stins
Medewerker *Contributor*: Inez Liem
Opdrachtgever *Commissioned by*: Woningstichting Zomers Buiten, Amsterdam
Aannemer *Contractor*: Muwi van Gent, Amersfoort
Categorie *Sector*: premiehuur, sociale huur, premiekoop, sociale koop, bedrijfsruimte, parkeer-
garage met 41 plaatsen *state-subsidized rental housing, subsidized rental sector, state-subsidized
owner-occupied housing, subsidized owner-occupied sector, business premises, car park for 41 cars*
Differentiatie *Differentiation*: 15 een-, 52 twee-, 234 drie-, 86 vier- en 8 vijfkamerwoningen,
13 groepseenheden *15 one-room, 52 two-room, 234 three-room, 86 four-room and 8 five-room
dwellings, 13 group units*

110

Architektenburo L. Lafour & R. Wijk
Scampi en Rose
Amsterdam: Van Reigersbergenstraat
1987-1994

Op een voormalig gemeentelijk opslagterrein langs de Kostverlorenvaart
ontwierpen Lafour & Wijk woonbebouwing in een open verkaveling. Langs
de Van Reigersbergenstraat sluiten gebogen stroken (de zogenaamde
Scampi) in hoogte en materiaal aan op de laat negentiende-eeuwse
gesloten bouwblokken van de buurt, langs het water staan torens van acht
lagen (Rose 1 tot en met 5). Zowel het stedenbouwkundig plan als de
architectonische uitwerking zijn erop gericht zoveel mogelijk woningen
zicht op het water te geven en gunstig te oriënteren. Door de zaagtand-
gevels met ronde balkons worden de kamers vanuit een zekere beschutting
op het wijdse uitzicht betrokken. Tussen de stroken vloeit de openbare
ruimte vrijelijk richting kade. De karakteristieke daklijsten die de gestapelde woningen beëindigen, kaderen de ruimte losjes in. Opvallend in de
plattegronden zijn de afgeschermde woonkeukens, die op de tussengebieden zijn georiënteerd; hier geen doorzonwoningen met open keuken.

Amsterdam: centrumbebouwing, Ardennenlaan (Nieuw-Sloten), 1990-1994 (l) *town centre housing*
Middelburg: Loskade, Touwbaan, Meesloot (Maisbaai project), 1988-1993 (r)

On the site of a former municipal storage depot along the canal (Kost-verlorenvaart), Lafour & Wijk designed housing in an open subdivision. The curved rows (Scampi) along Van Reigersbergenstraat correspond in height and material to the late nineteenth-century perimeter blocks of the neighbourhood; along the water's edge stand eight-storey tower blocks (Rose 1-5). Both the master plan and the architectural elaboration are designed to give the dwellings the best possible water views and a favourable aspect. The sawtooth façades with their round balconies afford a somewhat shielded involvement with the panoramic view. Between the rows of housing the public space flows freely in the direction of the embankment. The characteristic eaves that terminate the stacked dwellings act as a casual frame for the area. One notable feature of the floor plans are the screened-off kitchens that face the intermediate areas; a far cry from the standard 'through' dwelling with open-plan kitchen.

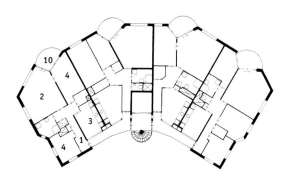

Rose 2, verdieping 1-7 *floor*

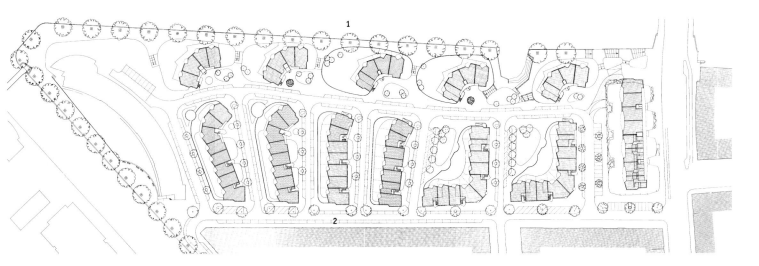

1. Kostverlorenvaart, 2. Van Reigersbergenstraat

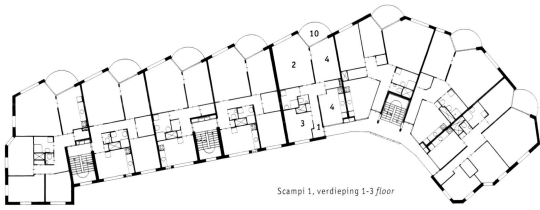

Scampi 1, verdieping 1-3 *floor*

111

Projectarchitect *Job Architect*: Paul de Ley
Medewerker *Contributor*: Ton de Lange
Kleurontwerp *Colour Design*: Studio Marijke de Ley, Amsterdam
Opdrachtgever *Commissioned by*: Grootel's Bouwmaatschappij, Eindhoven
Aannemer *Contractor*: Grootel Noord/West, Amsterdam
Categorie *Sector*: premiekoop *state-subsidized owner-occupied housing*
Differentiatie *Differentiation*: 2 twee-, 29 drie- en 2 vierkamerappartementen (hoofdgebouw),
6 driekamerappartementen (paviljoen) *2 two-room, 29 three-room and 2 four-room apartments
(main building), 6 three-room apartments (pavilion)*

Architektenburo Paul de Ley
Pleinwand en paviljoen *Square Façade and Pavilion*
Hilversum: Dr. P.J.H. Cuypersplein
1992-1995

De lange zijde van het woningblok vormt de strakke begrenzing van het lommerrijke Dr. P.J.H. Cuypersplein. De korte zijde grenst aan een drukke verkeersstraat. Door de half ingegraven parkeergarage ontstaat een bel-etage met terrassen aan de pleinkant. Ook de woonkamers liggen aan deze noordzijde. Aan de achterkant geven korte galerijen toegang tot de woningen. Opvallend zijn de grote balkons aan deze galerijen, waardoor openbaar en privé in elkaar overvloeien. Keukenkamers met serres kijken uit op de binnentuin, waar zich ook een ovalen 'paviljoen' met twee woningen per laag bevindt. Door deze opzet ontstaat een informeel en levendig binnengebied.

Leiden: sociale woningbouw en kantoorruimte, Schuttersveldweg, 1990-1993 *social housing and office premises*

The long side of the housing block forms a taut boundary to the leafy Dr. P.J.H. Cuypersplein. The short side abuts a busy thoroughfare. The half-submerged car park allows for a main floor with terraces on the (northern) square side, which is also the side on which the living rooms are located. At the back the dwellings are accessed from short galleries. An interesting feature is the way public and private space merges here as a result of the large balconies giving on to the galleries. The kitchens with conservatories look out over the courtyard garden. This also contains an oval 'pavilion' with two dwellings per floor, a layout that results in an informal and lively inner area.

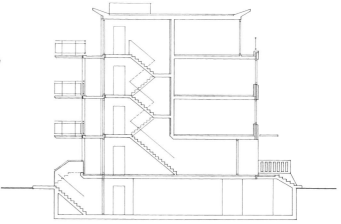

dwarsdoorsnede *cross section*

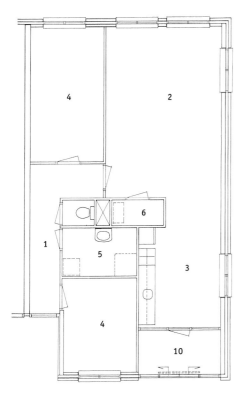

standaard plattegrond *standard floor plan*

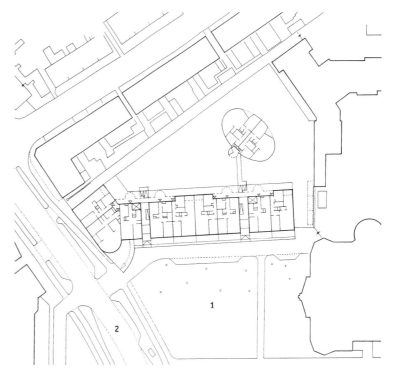

1. Dr. P.J.H. Cuypersplein, 2. Jan van der Heijdenstraat

Projectarchitecten *Job Architects*: Gerard Maccreanor, Richard Lavington
Medewerker *Contributor:* Nicola Dunlop
Opdrachtgever *Commissioned by*: Bouwfonds Woningbouw, Haarlem; Volker Stevin
Ontwikkelingsmaatschappij, Zoetermeer
Aannemer *Contractor*: Bouwbedrijf M.J. de Nijs en Zonen, Warmenhuizen
Categorie *Sector*: koop *owner-occupied housing*
Differentiatie *Differentiation*: 58 zeskamer drive-in woningen, 57 vijf- en 8 zeskamerwoningen
58 six-room drive-in houses, 57 five-room and 8 six-room dwellings

Maccreanor+Lavington Architects
Promenade- en parkwoningen
Promenade and Park Dwellings
Zaanstad: Zaaneiland
1993-1996

Het jonge Londense bureau Maccreanor+Lavington won in 1992 voor de locatie Zaaneiland de tweede Europanprijsvraag. Het gerealiseerde plan wijkt nauwelijks af van hun voorstel: een luxueus appartementengebouw op de kop van het eiland en twee parallelle stroken rijtjeswoningen. De 'promenadewoningen' langs de dijk zijn een moderne versie van Engelse *terraces*. Hier bevat het souterrain de garage. De keuze voor wel of geen erker op de verdieping en wel of geen balkon aan de achterzijde zorgt voor een natuurlijke variatie in het gevelbeeld, dat zonder opsmuk is. De kracht van 'saaie' architectuur wordt hier gedemonstreerd. De 'parkwoningen' aan het buurtparkje liggen iets verhoogd om de scheiding tussen privétuin en openbaar groen te verduidelijken. Het tussengebied, waar de entrees van de parkwoningen zijn gesitueerd, is zorgvuldig ontworpen en geleed met tuinmuren, schuren, overbouwingen en groen.

Zaanstad: appartementen en parkeergarage, Zaaneiland, 1993-1996
apartments and car park

The young London office of Maccreanor+Lavington won the second Europan competition in 1992 with its design for the Zaaneiland site. The actual layout differs very little from their original proposal: a luxury apartment building at the head of the island and two parallel rows of terraced houses. The 'promenade dwellings' along the dike are a modern version of the English terrace. Here the basement level has become the garage. The fact that the first-floor bay window and the balcony at the rear were optional has given the otherwise sober façade a naturally varied appearance, thereby demonstrating the strength of 'dull' architecture. The 'park dwellings' bordering the neighbourhood park have been slightly raised so as to clarify the distinction between private gardens and public greenery. The intermediate area, where the entries to the park dwellings are located, has been meticulously designed and articulated with garden walls, sheds, archings and greenery.

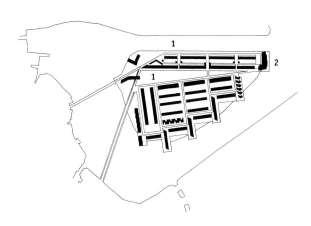

1. promenade- en parkwoningen *promenade and park dwellings*, 2. appartementengebouw *apartment building*

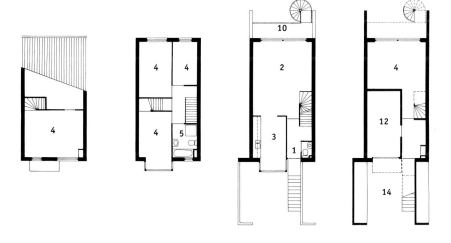

plattegronden promenadewoning *floor plans promenade dwelling*

1. straat *street*, 2. inrit *drive*, 3. promenadewoning *promenade dwelling*, 4. tuin *garden*, 5. achterpad *mews*, 6. parkwoning *park dwelling*, 7. verhoogde tuin *raised garden*

Projectarchitecten *Job Architects*: Erick van Egeraat, Francine Houben, Chris de Weijer
Medewerkers *Contributors*: Nathalie de Vries, Huib de Jong, Marjolijn Adriaansche, Sylvie Beugels, Ard Buijsen, Kerstin Hahn, Birgit Jürgenhake, Theo Kupers, Toon de Wilde
Opdrachtgevers *Commissioned by*: Stichting Pensioenfonds Rabobank, Utrecht (woningen *dwellings*); Gemeente Maastricht (plein *square*)
Aannemer *Contractor*: Bouwmaatschappij Keulen, Geleen
Categorie *Sector*: 46 huur, 6 koop *46 rental housing, 6 owner-occupied housing*
Differentiatie *Differentiation*: 4 twee- en 42 driekamerappartementen, 6 woningen *4 two-room and 42 three-room apartments, 6 dwellings*

Mecanoo architecten
Herdenkingsplein
Maastricht: Herdenkingsplein
1990-1994

Op een groot binnenterrein kwam een nieuw aangelegd plein met uitgangen naar de Brusselsestraat en de Kruisherengang. Het stedenbouwkundig plan, de pleininrichting en de westelijke wand met woningen werden door Mecanoo ontworpen. Een betonnen pergola op ranke stalen kolommen bindt deze westelijke pleinwand samen met de zuidelijke van Buro Boosten Rats.

Met een elegant spel van materialen, lagen en transparanties creëert Mecanoo vooral sfeer; typische woningbouwproblemen als stapeling en ontsluiting van woningen spelen in de verschijning van dit bouwdeel geen rol. Zo gaat een deel van de woonkamers schuil achter de houten schermen, terwijl een ander deel met verdiepinghoge glaspuien aan de galerijen verschijnt. De bovenste woningen hebben toegang tot dakterrassen.

Diemen: Venserbrug, seniorenwoningen, Rijkersloot, 1990-1996
dwellings for the elderly

A large internal courtyard has been turned into a square with outlets to Brusselsestraat and Kruisherengang. The master plan, the square layout and the western wall of dwellings were all designed by Mecanoo. A concrete pergola on slender columns ties this western square frontage to the southern one designed by Buro Boosten Rats.

Atmosphere is the main product of Mecanoo's elegant play of materials, layers and transparencies; the usual housing construction problems, such as stacking and access, play no role in this building's appearance. Accordingly, one part of the living room is hidden behind wooden screens, while another part, with storey-high glazing, appears on the galleries. The uppermost dwellings have access to roof terraces.

1. Kruisherengang, 2. Herdenkingsplein, 3. woningen Boosten Rats *dwellings*, 4. Academie van Beeldende Kunsten *Academy of Fine Arts*

Projectarchitecten *Job Architects*: Francine Houben, Chris de Weijer, Erick van Egeraat
Medewerkers *Contributors*: Dick van Gameren, Huib de Jong, Marjolein Adriaansche, Sylvie Beugels, Cock Peterse
Opdrachtgever *Commissioned by*: Stichting Volkswoningen, Rotterdam
Aannemer *Contractor*: Volker Bouwmaatschappij, Rotterdam
Categorie *Sector*: huur, sociale huur, premiekoop, sociale koop *rental housing, subsidized rental sector, state-subsidized owner-occupied housing, subsidized owner-occupied sector*
Differentiatie *Differentiation*: 262 twee-, drie- en vierkamerappartementen en vierkamermaisonnettes, 218 vier- en 77 vijfkamerwoningen *262 two-room, three-room and four-room apartments and four-room maisonettes, 218 four-room and 77 five-room dwellings*

Mecanoo architecten
Prinsenland
Rotterdam: Jacques Dutilhweg, Peter Klapwijkstraat
1988-1993

'Een moderne stedelijke tuinwijk met landelijke kwaliteit', noemt Mecanoo deze buurt, waarvoor het bureau zowel het stedenbouwkundig ontwerp, de architectonische uitwerking als het tuinontwerp heeft gemaakt. Een rand van wat hogere bebouwing schermt het gebied af van de wijkontsluitingsweg. Het opmerkelijkst zijn de slingerende blokjes langs woonpaden: het autoluwe alternatief voor wonen aan de straat. De lineaire structuur van de meeste uitbreidingswijken wordt hier verzacht en gefragmenteerd tot kleine voetgangersgebiedjes. Dwars op de hoofdrichting lopen tussen de blokjes door nog vier groenzones, elk met een eigen thema: er is een Engelse, Hollandse, Japanse en Franse tuin. Ze betrekken bovendien het buurtje bij het water.

'A modern urban garden suburb with a rural character' is how Mecanoo describes the neighbourhood for which it designed the master plan, architecture and landscaping. A fringe of slightly higher buildings protects the area from the local access road. The most striking feature are the blocks that meander along residential paths - a car-free alternative to living along a thoroughfare. The strict linear structure of most expansion areas is softened here and broken up into small pedestrian areas. Between the blocks, at right angles to the main direction, are four green zones, each with a different theme: there is an English, Dutch, Japanese and a French garden. They also provide a link between the neighbourhood and the water.

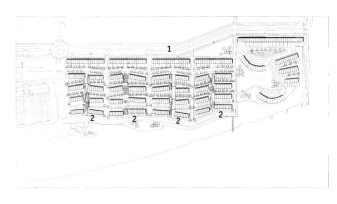

1. Jacques Dutilhweg, 2. thematuinen *thematic gardens*

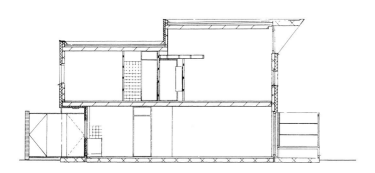

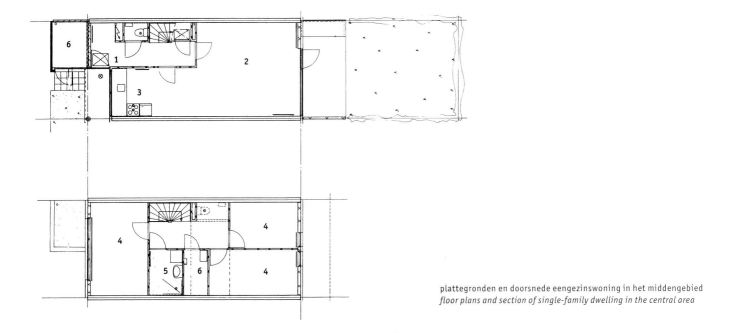

plattegronden en doorsnede eengezinswoning in het middengebied
floor plans and section of single-family dwelling in the central area

Projectarchitecten *Job Architects*: Roberto Meyer, Jeroen van Schooten
Medewerkers *Contributors*: Arie van der Neut, Coen Kessels
Opdrachtgever *Commissioned by*: Woningbouwvereniging het Oosten, Amsterdam
Aannemer *Contractor*: Bouwbedrijf M.J. de Nijs en Zonen, Warmenhuizen
Categorie *Sector*: sociale huur, koop *subsidized rental sector, owner-occupied housing*
Differentiatie *Differentiation*: 2 twee-, 35 drie- en 21 vierkamerappartementen,
4 bedrijfsruimten, 1 artsenpraktijk (blok A en B); 14 vierkamermaisonnettes,
7 vierkamerappartementen, 3 portiekwoningen (De Tagrijn) *2 two-room, 35 three-room and
21 four-room apartments, 4 business premises, 1 doctors' practice (block A and B); 14 four-room
maisonettes, 7 four-room apartments, 3 porch dwellings (De Tagrijn)*

Meyer & Van Schooten architekten
Vespuccistraat en De Tagrijn
Amsterdam: Vespucci-, Bartolomeus Diaz-, Cabral- en Balbaostraat
1992-1995

Twee woonblokken aan de Vespuccistraat verschijnen als bakstenen lijsten, die de marktruimte kadreren. De in deze lijsten gevatte balkons bevinden zich in een tussenruimte, een overgangsgebied dat bemiddelt tussen woning en stad. De vlakke architectuur en het ritme van de hoektorens sluit aan bij de omringende bebouwing. Om enige afstand tot de markt te bewaren, is de onderste laag met appartementen in de blokken A en B een halve verdieping boven de straat geplaatst. De hoeken bevatten bedrijfsruimten.

Het blok in een zijstraat, De Tagrijn, bevat gestapelde vierkamermaisonnettes op een laag vierkamerappartementen, alle met een 'straatkamer'. De bedrukte glazen gevel onderdrukt de individualiteit van de woning en maskeert de afwijkende typologie met galerijen. Door de halftransparante glasplaten ontstaat een rijk spel van lagen, reflecties en kleurschakeringen.

balkons Vespuccistraat *balconies*

straatbeeld blok A en B *streetscape blocks A and B*

Amsterdam: woningblok De Tagrijn, Bartolomeus Diazstraat, 1992-1995
housing block

Two housing blocks on Vespuccistraat manifest themselves as brick frames that serve to define this market area. As a result, the balconies contained within these 'frames' occupy an intermediate, transitional area that mediates between dwelling and city. The plain architecture and the rhythm of the corner towers is in keeping with the surrounding development. In order to maintain a certain distance from the market, the bottommost level with apartments in blocks A and B has been placed half a floor above the street. The corners contain business premises.

Located in a side street, De Tagrijn, contains stacked four-room maisonettes above a floor of four-room apartments, all with a living room facing the street. The printed-glass façade suppresses the individuality of the dwelling and masks the unusual typology with galleries. The semi-transparent glass plate generates a rich play of layers, reflections and colours.

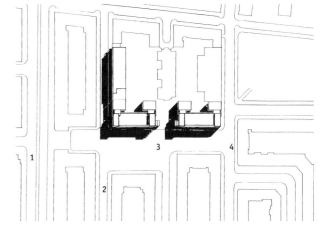

1. Jan Evertsenstraat, 2. Bartolomeus Diazstraat, 3. Vespuccistraat, 4. Balbaostraat

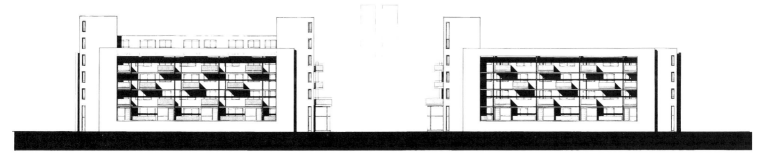

gevels Vespuccistraat *elevation*

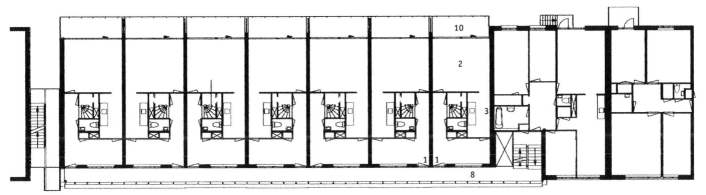

De Tagrijn, verdieping 1, 3 *floor*

Projectarchitect *Job Architect*: Cees Nagelkerke
Medewerker *Contributor*: Ronno Honingh
Opdrachtgever *Commissioned by*: Gemeente Leiden
Aannemer *Contractor*: Marcel Muyres, Alphen aan de Rijn
Categorie *Sector*: 48 huur, 157 koop, 46 premiekoop *48 rental housing, 157 owner-occupied housing, 46 state-subsidized owner-occupied housing*
Differentiatie *Differentiation*: 94 driekamerappartementen, 157 woningen *94 three-room apartments, 157 dwellings*

Architektenbureau Nagelkerke
Stevenshofpolder
Leiden: Wilhelmina Bladergroenweg
1990-1994

Nabij NS-station De Vink in de nieuwbouwwijk Stevenshof ligt een woonbuurt uit een hand. De formalistische, symmetrische opzet van het stedenbouwkundig plan (Gemeente Leiden) is in de ogen van de architect nauwelijks te motiveren en wordt in de uitwerking zoveel mogelijk gerelativeerd en ondergraven. De straatwanden zijn consequent asymmetrisch van opbouw; het terras op de bovenste laag ligt afhankelijk van de bezonning aan de straat- of tuinzijde, zodat de ene straatgevel twee en de andere drie lagen hoog is. Het materiaalgebruik versterkt deze asymmetrie: stucgevels aan de ene zijde (met gemetselde entrees) en gemetselde gevels aan de tegenoverliggende (met gestucte entrees). Deze verschillen werken overigens niet door in de woningen zelf. Door de vele stompe en scherpe hoeken in het plan open te breken, wordt de continuïteit verder ondergraven. Toch oogt en werkt het plan als eenheid. De gemetselde vlakken werken als plint die regelmatig wordt doorbroken of verdrongen door stucvlakken. Het spel van volumes en buitenruimten op de hoeken voegt hier nog een laag aan toe.

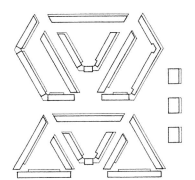

wijkschema *street layout*

This strikingly homogeneous residential area is located in a new housing development, not far from De Vink railway station. Its architect has taken issue with the formalistic layout of the urban plan (Leiden city council), diluting and undermining it at every turn. The front elevations are consistently asymmetrical in composition; the terraces on the uppermost level are situated on the street or garden side depending on the incidence of sunlight, so that one front elevation is two storeys high, the other three. The use of materials reinforces this asymmetry: stuccoed façades on one side (with brick entrances), facing brick façades on the other side (with stuccoed entrances). These differences are not however carried through into the dwellings themselves. Although the architect has further undermined the continuity by fracturing the many oblique and acute angles in the plan it nonetheless appears and works as an entity. The brickwork panels have the effect of a plinth that is regularly perforated or displaced by stuccoed panels. The play of volumes and exterior spaces at the corners merely adds to this impression.

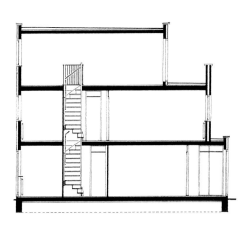

doorsnede *section*

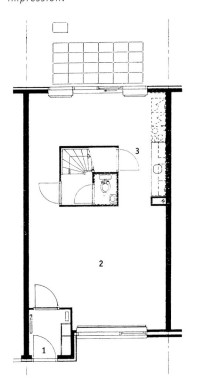

begane grond *ground floor*
straatzijde *street side*

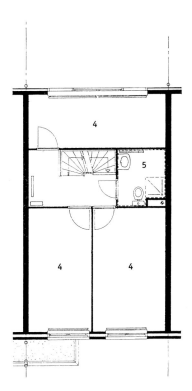

eerste verdieping *first floor*

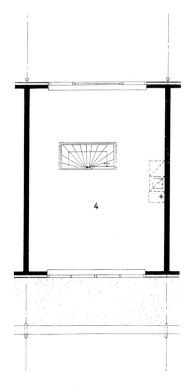

tweede verdieping *second floor*

Projectarchitect *Job Architect*: Cees Nagelkerke
Medewerkers *Contributors*: Willem van Seumeren, Lilian Korver
Opdrachtgever *Commissioned by*: Woningstichting Volkshuisvesting, Groningen
Aannemer *Contractor*: Wilma Bouw, Groningen
Categorie *Sector*: sociale huur *subsidized rental sector*
Differentiatie *Differentiation*: 33 driekamer-seniorenwoningen, parkeergarage met 65 plaatsen
33 three-room dwellings for the elderly, car park for 65 cars

Architektenbureau Nagelkerke
Het Rode Weeshuis
Groningen: Rode Weeshuisstraat
1990-1993

Tweeënhalve zijde van wat ooit een kloosterhof en later een weeshuis-complex in de Groningse binnenstad was, is vervangen door 33 senioren-woningen. Alle woningen zijn georiënteerd op en worden ontsloten vanuit de binnenhof, die bereikbaar is via een poort in de oudbouw. Trappen en liften zijn centraal in de twee nieuwe zijden geplaatst; galerijen langs de straatgevel geven toegang tot telkens vier woningen. Op de derde verdieping geeft een doorlopende galerij van wisselende breedte aan de hofzijde toegang tot de hier iets teruggelegde woningen. Dakkamers compenseren het verlies aan diepte en geven uitzicht over hof en stad. Ook in de andere mooie plattegronden zijn verschillende ruimten direct te betrekken op de woonkamer. Een lichte, gelaagde gevelopbouw met grote vensters kenmerkt de hofkant van de woningen, terwijl de buitenzijde gesloten en in rode baksteen is uitgevoerd. In de binnenhof wordt een subtiel evenwicht bewaard tussen de anonimiteit van het wonen aan een stadsruimte en het gemeenschappelijk wonen rond een binnenplaats.

Two-and-a-half sides of what was once a cloister garden and later an orphanage in the centre of Groningen, have been replaced by 33 apartments for the elderly. All the dwellings face onto and can be accessed from the inner courtyard, which in turn is reached via the old building. Stairs and lifts have been placed in the middle of the two new sides; each of the balconies along the street façade provides access to four dwellings. On the third floor, on the courtyard side, a continuous balcony of varying width gives access to slightly set back apartments. Attics compensate for the resulting loss of depth and also provide a view of the courtyard and the city. The other handsome floor plans likewise contain various spaces that serve to augment the living room. The courtyard side of the dwellings is characterized by a light, layered façade composition with large windows; the outside, executed in red brick, is more introverted. The courtyard itself strikes a subtle balance between the anonymity of living in the middle of a city and the communality of living around a shared internal space.

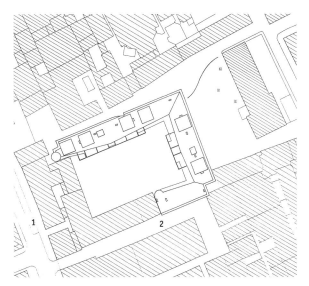

1. Rode Weeshuisstraat, 2. Weeshuisgang

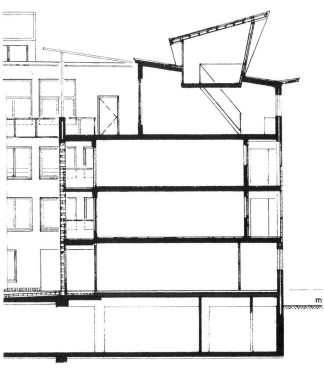

dwarsdoorsnede *cross section*

Projectarchitect *Job Architect*: Willem Jan Neutelings i.s.m. *with* Bureau voor Bouwkunde facilitair bedrijf, Rotterdam
Medewerkers *Contributors*: Jago van Bergen, Willem Bruijn
Opdrachtgever *Commissioned by*: Bouwfonds Woningbouw, Eindhoven
Aannemer *Contractor*: Bouwmaatschappij Van der Weegen, Tilburg
Categorie *Sector*: koop *owner-occupied housing*
Differentiatie *Differentiation*: 15 vier- en 2 vijfkamerwoningen *15 four-room and 2 five-room dwellings*

W.J. Neutelings Architectuur
Dwarskapwoningen *Transverse-roof Dwellings*
Tilburg: De Pontplein
1993-1996

Individualiteit en collectiviteit strijden om de voorrang in dit lint van eengezinswoningen. De aluminium dwarskappen accentueren de afzonderlijke woningen, het regelwerk langs de onderpuien rijgt de woningen aaneen.

Op de halfverzonken garage liggen een terras, de entree en de eetkeuken. Erachter is een hoge woonkamer. Op de eerste verdieping heeft de slaapkamer aan de voorzijde een terras.

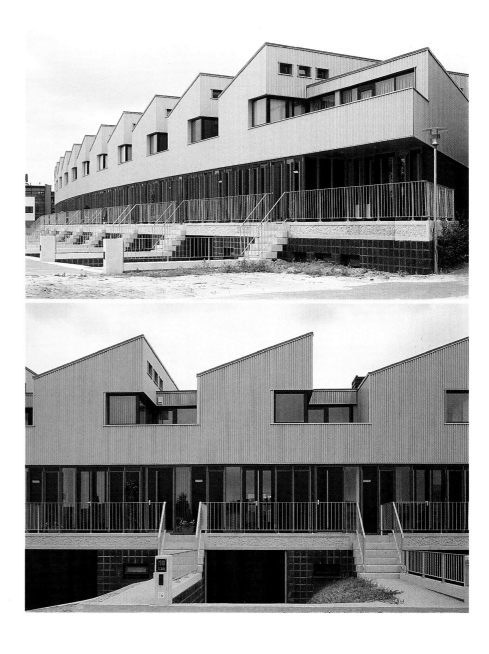

Sittard: appartementencomplex, Prinsenhoek, 1992-1995
apartment complex

Individuality and collectivity compete for precedence in this ribbon of single-family dwellings. The aluminium transverse roofs accentuate the individual dwellings, while the insitent rythm of uprights along the lower front serve to weld them together.

On top of the half-sunken garage is a terrace, the entrance and a kitchen-dining room. Behind this is a high-ceilinged living room. The first-floor front bedroom has a terrace.

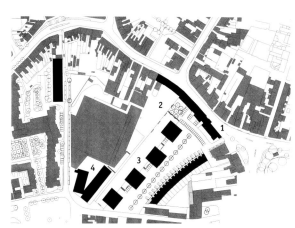

1. Wilhelminapark, 2. dwarskapwoningen *transverse-roof dwellings*, 3. urban villa's (Rudy Uytenhaak), 4. ouderenhuisvesting (Wiel Arets) *accommodation for the elderly*

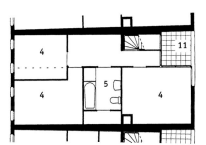

eerste verdieping *first floor*

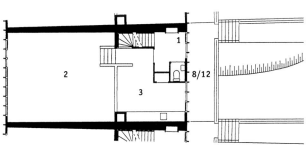

bel-etage *main floor*

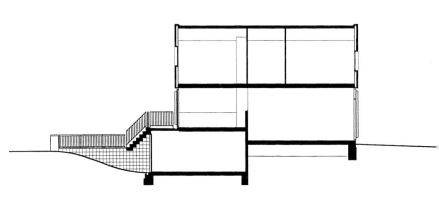

dwarsdoorsnede *cross section*

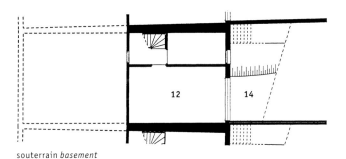

souterrain *basement*

Projectarchitecten *Job Architects*: Henk Engel, Jos van der Steen (Rieder 2), Peter Twisk (Rieder 1)
Medewerker *Contributor*: Ben Cohen
Opdrachtgever *Commissioned by*: Gemeentelijk Woningbedrijf Rotterdam, district Hillesluis
Aannemer *Contractor*: Verschoor, Rotterdam (kopblok *end block*); Stadswerk, Hoofddorp (blok *block* 2 & 3)
Categorie *Sector*: sociale huur *subsidized rental sector*
Differentiatie *Differentiation*: 3 twee- en 58 driekamerappartementen, dienstencentrum (kopblok); 37 drie- en 49 vierkamerappartementen en -maisonnettes, 1 vijfkamerappartement (blok 2a & 2b) *3 two-room and 58 three-room apartments, welfare centre (end block); 37 three-room and 49 four-room apartments and maisonettes, 1 five-room apartment (block 2a & 2b)*

De Nijl architektenkombinatie
Rieder 1 & 2
Rotterdam: Riederlaan, Friese- en Utrechtsestraat
1990-1995

De hoge, ronde kop van een blok met seniorenhuisvesting en een dienstencentrum introduceert een lager gelegen woonbuurt aan de drukke kruising Randweg/Bijerlandselaan. Het is een 'rondgezette' galerijflat waarvan de korte kant wordt afgesloten met trappenhuis en liftkoker. Het binnengebied krijgt zo een atriumachtig karakter. Door deze opzet liggen de balkons aan de Riederlaan op het noorden. Een gemeenschappelijk terras op de vijfde laag moet dit compenseren. De bebouwing langs Utrechtsestraat en Riederlaan bevat complex gestapelde maisonnettes, alle met de voordeur aan de straat. Steeds vormen drie panden een eenheid: het middelste pand wordt per laag anders verdeeld over de twee bovenwoningen. Langs de Friesestraat staan eengezinswoningen. In vergelijking met het kopblok valt de materialisering op: leien als bekleding van de achtergevels.

1, 2. bebouwing Riederlaan *housing*
3. binnengebied kopblok *inner courtyard end block*

The end block containing accommodation for the elderly and a welfare centre introduces the lower lying residential area on the busy Randweg/Bijerlandse-laan intersection. It is a curved gallery-access flat, the shorter side of which is closed in by a stair well and lift shaft, giving the inner courtyard an atrium-like character. A communal terrace on the fifth floor is intended to compensate for the fact that the balconies overlook Riederlaan. The row housing along Utrechtsestraat and Riederlaan consists of intricately stacked maisonettes, all with a front door on the street. Three premises (four maisonettes) go to make up a single structural unit: the two top dwellings are differently distributed over the middle of the three premises. Single-family dwellings have been built along Friesestraat. The choice of materials - the rear elevations are clad in slate - distinguishes these houses from the end block.

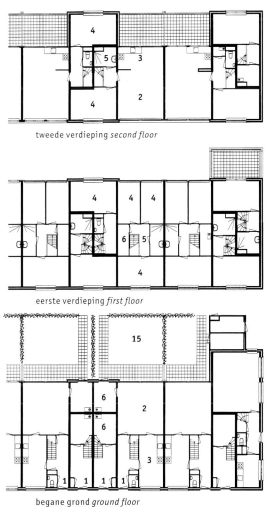

tweede verdieping *second floor*

eerste verdieping *first floor*

begane grond *ground floor*
fragment blok 2 *block 2*

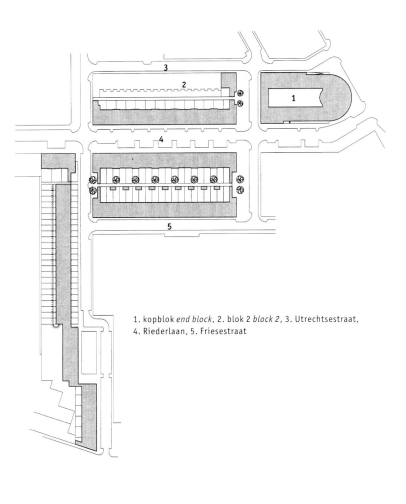

1. kopblok *end block*, 2. blok 2 *block 2*, 3. Utrechtsestraat, 4. Riederlaan, 5. Friesestraat

Projectarchitecten *Job Architects*: Henk Engel, Chris Scheen, Jos van der Steen
Medewerker *Contributor*: Ben Cohen
Opdrachtgever *Commissioned by*: Gemeentelijk Woningbedrijf Rotterdam, district Centrum
Aannemer *Contractor*: Martens, Lekkerkerk
Categorie *Sector*: sociale huur *subsidized rental sector*
Differentiatie *Differentiation*: 29 twee- en 39 driekamerappartementen met gemeenschappelijke voorzieningen, 14 drie- en 14 vierkamermaisonnettes *29 two-room and 39 three-room apartments with communal services, 14 three-room and 14 four-room maisonettes*

De Nijl architektenkombinatie
Lieve Vlieger 2
Rotterdam: Lieve Verschuier- en De Vliegerstraat, Heemraadssingel
1990-1993

Het zes lagen hoge blok aan de Heemraadssingel bevat seniorenhuisvesting. De corridoropzet wordt verlevendigd door dubbelhoge serres tussen de drie koppen. De gestapelde maisonnettes in de zijstraten hebben een galerijontsluiting. Omdat de balkons steeds op het zuiden liggen, worden de bovenwoningen in de ene straat langs de voorgevel en in de andere langs de achtergevel ontsloten. In de strenge, uiterst sobere baksteengevels doet een gekleurd bakstenen randje haast frivool aan. De eigenzinnige kleurstelling van het houtwerk accentueert het minimale karakter van deze architectuur.

1

2

3

1. binnenterrein van de gestapelde maisonnettes *courtyard behind the stacked maisonettes*
2, 3. Heemraadssingel, seniorenhuisvesting *accommodation for the elderly*

Rotterdam: stadsvilla's, DWL-terrein *site*, 1988-1990 *urban villas*

The highly articulated, six-storey block on Heemraadssingel houses accommodation for the elderly. The corridor set-up is enlivened by double-height conservatories between the three ends. The stacked maisonettes in the side streets have gallery access. Because all the balconies face south, the galleries accessing the upstairs apartments are at the front on one street and at the rear on the other. In the severe, very plain brick façades, a coloured brick border seems almost frivolous. The offbeat colours used for the woodwork accentuate the minimalism of the architecture.

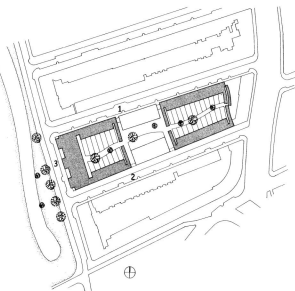

1. Lieve Verschuierstraat, 2. De Vliegerstraat, 3. Heemraadssingel

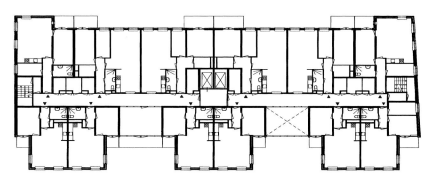

verdieping 1, 3, 5 *floor*

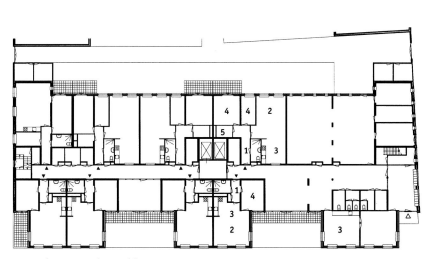

begane grond *ground floor*
seniorenhuisvesting *accommodation for the elderly*

Projectarchitect *Job Architect*: Kas Oosterhuis
Medewerker *Contributor*: Jeroen Huijsinga
Ontwerp Dansende gevels *Design Dancing Façades*: Ilona Lénárd
Opdrachtgever *Commissioned by*: Slokker Vastgoed, Huizen
Aannemer *Contractor*: Bouwbedrijf Slokker, Huizen
Categorie *Sector*: koop *owner-occupied housing*
Differentiatie *Differentiation*: 34 vier- of vijfkamerwoningen *34 four-room or five-room dwellings*

Kas Oosterhuis Architekten
Dansende gevels *Dancing Façades*
Groningen: De Bazelweg (De Hunze)
1993-1995

Wat op het eerste gezicht drie verschillend uitgewerkte rijen met een-gezinswoningen lijken, zijn feitelijk gekoppelde vrijstaande en twee-onder-een-kap woningen. De begane grond is als eenheid opgevat: een donker, bakstenen gevelvlak met grote, regelmatige openingen waarachter woonkamers, entrees, bergingen, garages of patio's schuilgaan. Daarboven verschijnen gestucte veelkleurige volumes naar ontwerp van Ilona Lénárd, uitbreidingen van de woningen met een of twee kamers. Ondanks de strenge aanpak is er een grote keuzevrijheid. De patio kan een- of twee-zijdig dichtgezet worden, de woonruimte kan uitgebreid worden, een carport of garage kan worden toegevoegd. Opvallend is ook dat twee rijen met de achtergevels op de kavelgrens zijn geplaatst, zodat de achterdeuren direct op het gemeentelijk groen uitkomen. Hierdoor zijn zeer diepe voor-tuinen en een veel rianter straatprofiel ontstaan. De dansende gevels bevrijden de rijtjes van hun obligate woonassociaties en geven ze een sculpturale aanwezigheid.

What at first sight appear to be three differently elaborated rows of single-family dwellings are in fact linked freestanding and semi-detached dwellings. The ground floor has been treated as an entity: tucked away behind a dark brick façade surface with large, regular openings, are living rooms, entrances, storage areas, garages or patios. Rising above this in stuccoed multi-coloured volumes designed by Ilona Lénárd, are one and two-room extensions to the dwellings. Despite the rigorous approach, occupants have been allowed considerable freedom of choice. The patio can be closed on one or two sides, the living space can be extended, a carport or a garage can be added. Another striking feature is that the rear façades of two rows have been placed along the plot boundary so that the back doors open directly onto the municipal green space. The result is very deep front gardens and a much more generous street profile. The dancing façades free the rows from their automatic housing associations and endow them with a sculptural presence.

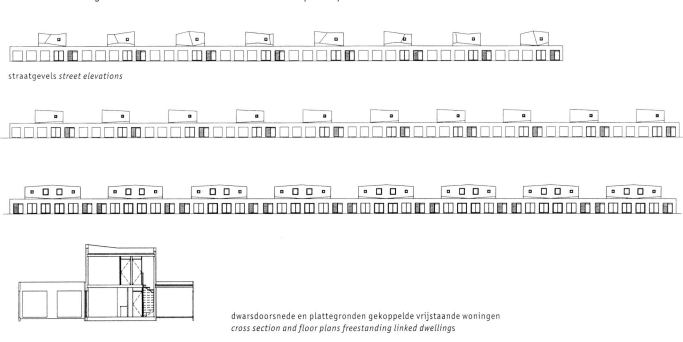

straatgevels *street elevations*

dwarsdoorsnede en plattegronden gekoppelde vrijstaande woningen
cross section and floor plans freestanding linked dwellings

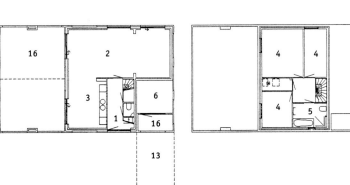

Projectarchitect *Job Architect*: Kas Oosterhuis
Medewerker *Contributor*: Jeroen Huijsinga
Opdrachtgever *Commissioned by*: Heijmans Projectontwikkeling, Rosmalen
Aannemer *Contractor*: Bouwgroep Heijmans Koops, Rosmalen
Categorie *Sector*: premiekoop *state-subsidized owner-occupied housing*
Differentiatie *Differentiation*: 26 vijf- en 2 zeskamerwoningen *26 five-room and 2 six-room dwellings*

Kas Oosterhuis Architekten
Daken *Roofs*
Groningen: Zonland (Drielanden)
1993-1995

Onder twee gigantische omkrullende daken zijn 28 woningen gevangen. De twee rijtjes met eengezinswoningen zijn vanuit de totaalvorm ontwikkeld: de driehoekige doorsnede is zo vervormd en bijgeschaafd dat het programma erin paste. Door de sculpturale aanpak verschillen de woningen onderling allemaal. Net als bij het project in De Hunze worden de objectmatige, sculpturale mogelijkheden van bouwen benadrukt. De duurzaam-bouwen- en milieudoelstellingen die voor het buurtje gelden, worden onder andere gerealiseerd met de pannendaken (vermijden van plat dak met bitumen). Het naastgelegen project De Dijk vormt de grens met het polderlandschap. Door de woningrij als het ware in een uitge-graven aarden wal op te nemen, wordt deze niet alleen landschappelijk ingepast, maar worden ook de temperatuurschommelingen gestabiliseerd. De akoestische isolatie die de dijkneuzen bewerkstelligen, verhoogt de privacy van de buitenruimten.

Groningen: De Dijk, Zonland, 1993-1995

Under two gigantic, curling roofs nestle 28 dwellings. The two rows with single-family dwellings have been fashioned out of the overall shape: the triangular profile has been distorted and whittled down until the programme fitted into it. The upshot of this sculptural strategy is that every dwelling is different. As in the De Hunze project the objectified, sculptural possibilities of construction are emphasized. The objectives of environmentally sound and sustainable building that apply to the district are achieved by, among other things, the tiled roofs (no bitumened flat roof). The adjacent De Dijk project forms the boundary with the polder landscape. Incorporating the row of houses in a dug out earth wall as it were, not only makes it part of the landscape but also stabilizes the fluctuations in temperature. The acoustic insulation provided by the dike ends increases the privacy of the outdoor spaces.

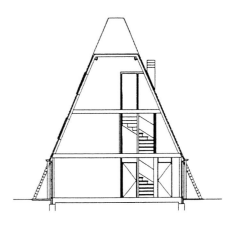

dwarsdoorsnede en plattegronden De Dijk
cross section and floor plans

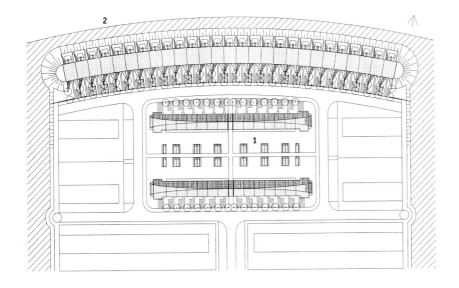

1. Daken, 2. De Dijk

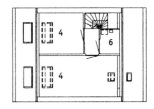

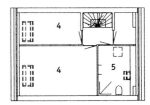

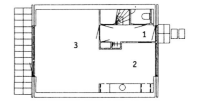

Projectarchitecten *Job Architects*: Hans van Beek, Sjo van den Eerenbeemt
Medewerkers *Contributors*: Jeroen Ekama, Wim Kristel, Aagje Roelofs, Joop Buurman,
Krijn van der Giessen, Johan Hendriks, Dick Huijsmans, Henry Schutte
Opdrachtgever *Commissioned by*: MBO, Amsterdam
Aannemer *Contractor*: Muwi van Gent, Amersfoort
Categorie *Sector*: premiehuur *state-subsidized rental housing*
Differentiatie *Differentiation*: 112 drie- en 59 vierkamerwoningen, winkelruimte, parkeergarage
met 175 plaatsen *112 three-room and 59 four-room dwellings, shops, car park for 175 cars*

Atelier PRO architekten
Stadsdeelcentrum *District Centre* Emiclair
Amersfoort: Laan naar Emiclair (Kattenbroek)
1988-1993

Het winkelcentrum Emiclair ligt aan de centrale vijver van de uitbreidingswijk Kattenbroek en maakt deel uit van een reeks openbare ruimten, de
zogenaamde Laan der Hoven. De ruggegraat van het plan wordt gevormd
door een toren met aan weerszijden woon- en winkelbebouwing in vier
lagen, parallel aan het water. Tussen het water en deze bebouwing staan
vijf losse 'vijverblokken' met winkels en woningen. De blokken zijn onderling door winkelruimten gekoppeld zodat een beschutte winkelstraat met
goede bezonning ontstaat. Alleen ter hoogte van de toren ontbreekt deze
verbinding en bereikt de winkelstraat het water. De vijverblokken zijn
gesplitst in twee bouwdelen met elk twee woningen per laag. Het lagere
bouwdeel aan de waterkant is visueel losgemaakt van de achtergelegen
oranjegele bebouwing: het is uitgevoerd in witte betonsteen. De meeste
woningen zijn bereikbaar via portieken aan de straat of korte galerijen aan
de achterzijde. De toren, met slechts twee woningen per laag, is door
fragmentatie van het volume zo slank mogelijk gemaakt.

Rotterdam: woningblok met school, Spoorweghavenpark, 1992-1995 (l) *apartment block with school*
Amsterdam: Entrepôt West, Cruquiusweg en omgeving, 1988-1991 (m) *Cruquiusweg and environs*
Utrecht: entree van de wijk Lunetten, Ravelijn, 1988-1993 (r) *entrance to Lunetten district*

Emiclair shopping centre is situated on the edge of the central lake in the Kattenbroek expansion area and is part of a suite of public areas collectively known as Laan der Hoven. The backbone of the plan is formed by a tower flanked by a four-storey retail and housing development parallel to the water. Between the water and this development stand five separate 'lake blocks' containing shops and dwellings. The blocks are linked by shops, thus producing a sunny but sheltered shopping street. This necklace of shops and blocks seizes only when it reaches the level of the tower where it opens into a waterfront plaza. The lake blocks are divided into two sections, each with two dwellings per level. The lower section on the lake side has been executed in white concrete brick, which serves to detach it visually from the orange-yellow building behind. Most of the dwellings are reached via porches on the street or galleries at the rear. The tower, with only two dwellings per level, has been made as slender as possible by fragmentation of its volume.

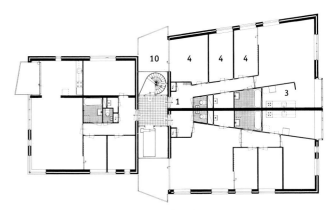

vijverblok laag 2 & 3 *lake block levels 2 & 3*

1. Het Masker, 2. Laan naar Emiclair, 3. vijver *pond*, 4. winkelgebied *shopping area*

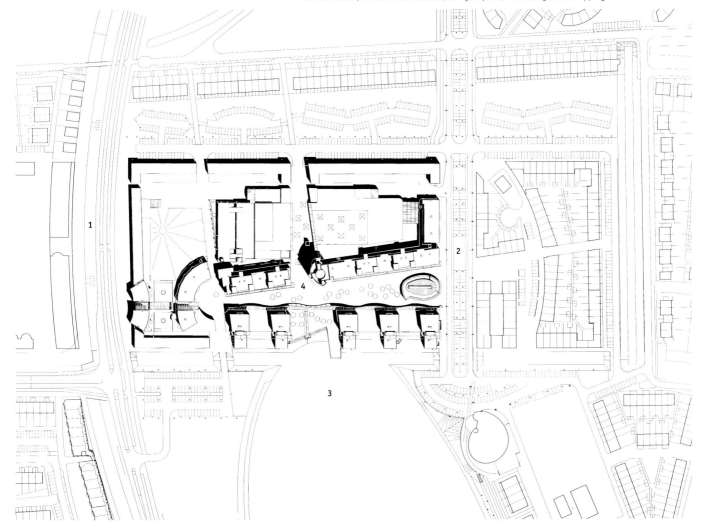

Projectarchitecten *Job Architects*: Erna van Sambeek, René van Veen
Medewerkers *Contributors*: Peter Brouwer, Martin IJtsma, Quintus Huber
Opdrachtgever *Commissioned by*: BPF-Bouw, Amsterdam
Aannemer *Contractor*: EBA, Amsterdam
Categorie *Sector*: premiehuur *state-subsidized rental housing*
Differentiatie *Differentiation*: 36 drie- en 36 vierkamer-patiowoningen *36 three-room and 36 four-room patio dwellings*

Van Sambeek & Van Veen Architecten
Pleintjes en patio's *Squares and Patios*
Amsterdam: Schotse Hooglanden (de Aker)
1993-1995

Lange straatwanden omgeven een middengebied waar een tapijt van patio-woningen de woningdichtheid flink opvoert. Twee rijen van zes patio-woningen zijn steeds gecombineerd tot blokken. Door de zes blokken halverwege in te snoeren, konden de nauwe stegen verruimd worden tot vliegervormige straatjes. Vanwege de oriëntatie op de zon zijn de linker- en rechterstraatwand steeds verschillend. De patio's aan de noordkant worden met hekwerken van de straat gescheiden. De patio's van de woningen aan de zuidkant liggen geheel inpandig.

1. Schotse Hooglanden

Long street frontages surround a central area where a carpet of patio dwellings boosts the housing density. Twelve rows of six patio dwellings have been paired off to form six blocks. An indentation halfway along the blocks has made it possible to widen the narrow alleyways into kite-shaped lanes. Because of the orientation towards the sun, the left and right street fronts differ throughout. The patios on the north side are separated from the street by fencing. The patios belonging to the houses on the south side are entirely walled-in.

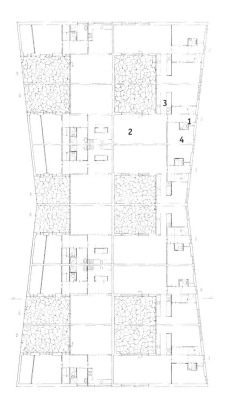

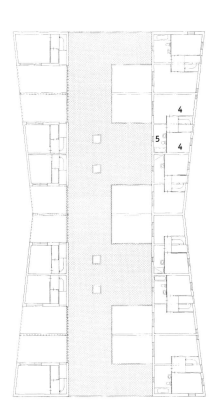

begane grond *ground floor*
blok met patiowoningen *block with patio dwellings*

verdieping *floor*

Projectarchitecten *Job Architects*: Erna van Sambeek, René van Veen
Medewerkers *Contributors*: Renato Kindt, Jaap Veerman, Jan van der Veen, Martin IJtsma
Opdrachtgever *Commissioned by*: Bouw- en Aannemingsbedrijf Van Omme & De Groot, Rotterdam
Aannemer *Contractor*: Bouw- en Aannemingsbedrijf Van Omme & De Groot, Rotterdam
Categorie *Sector*: koop *owner-occupied housing*
Differentiatie *Differentiation*: 48 vijfkamerwoningen (park), 56 vijfkamerwoningen met garage
(portico), 48 drie- of vierkamerwoningen (singel) *48 five-room dwellings (park), 56 five-room
dwellings with garage (porch), 48 three-room or four-room dwellings (canal)*

Van Sambeek & Van Veen Architecten
Park, portico, singel *Park, Porch, Canal*
Rotterdam: A. Noordewier Reddingiuslaan, Alida Tartaud Klein- en Marie van Eijsden Vinkstraat (Prinsenpark)
1993-1996

Vier parallelle stroken reageren op verschillende condities. De middelste twee met porticowoningen vormen samen een rustig woonstraatje. De buitenste liggen respectievelijk langs het park en langs een singel met hoge woongebouwen. De twee-onder-een-kap woningen van het portico-type vormen met hun forse luifels op dunne stalen kolommen een sterk samenhangend, enigszins besloten straatbeeld. Opmerkelijk aan dit woningtype is de trap met twee vluchten en de vide centraal in de woning. De singel- en parkwoningen vormen een harde grens met de straat. Alleen de betonnen perceelscheidingen ritmeren het vlakke gevelbeeld van de stadswoningen. Ook in deze typen is de trappartij bepalend voor het karakter en de gebruiksmogelijkheden van de woning.

stadswoningen singelzijde, Marie van Eijsden Vinkstraat *town houses canal side*

stadswoningen parkzijde, A. Noordewier Reddingiuslaan *town houses park side*

Rotterdam: haakvormige strook, Nancy Zeelenbergsingel (Prinsenpark), 1992-1994
L-shaped row

Four parallel rows respond to different conditions. The two central rows, containing porch-access dwellings, together form a quiet residential street. The two outer rows are situated respectively beside a park and along a canal with tall housing blocks. With their substantial awnings supported on thin steel columns, the semi-detached 'porch' dwellings constitute a highly coherent, somewhat introverted streetscape. A striking feature of this dwelling type is the twin-flight staircase and the void in the centre of the dwelling. The 'canal' and 'park' dwellings form a hard boundary with the street. The only rhythm in the otherwise flat exterior is provided by the concrete property dividers of the town houses. Here, too, it is the stairs that determine the character and the functional flexibility of the dwelling.

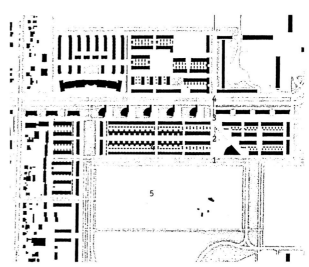

1. A. Noordewier Reddingiuslaan, 2. Alida Tartaud Kleinstraat,
3. Marie van Eijsden Vinkstraat, 4. Nancy Zeelenbergsingel, 5. Prinsenpark

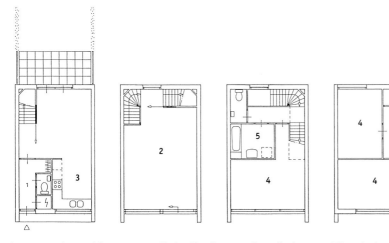

begane grond *ground floor*, eerste verdieping *first floor*, tweede verdieping *second floor*, derde verdieping *third floor*
stadswoning parkzijde *town house park side*

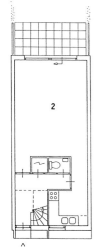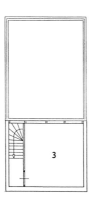

begane grond *ground floor*, eerste verdieping *first floor*, tweede verdieping *second floor*
stadswoning singelzijde *town house canal side*

142

Projectarchitecten *Job Architects*: Carlos Castanheira, Jeroen Geurst
Medewerkers *Contributors*: Theo Haayen, Roel Bosch Reitz, Robin v.d. Ven, Theo v.d. Beek,
Richard v. Loen, Avelino Silva, Maria Clara Bastai, Jane Considine, Tiago Faria, Cristina
Ferreirinha, Jotta v. Groenewoud, Cristina Guedes, Pascale Pacozzi, Guilherme Paris Couto
Opdrachtgever *Commissioned by*: Woningbouwvereniging 's-Gravenhage
Aannemer *Contractor*: Wilma Bouw, Den Haag
Categorie *Sector*: sociale huur *subsidized rental sector*
Differentiatie *Differentiation*: 93 drie-, 79 vier-, 55 vijf- en 11 zeskamerwoningen en
-appartementen, winkels, parkeergarage met 55 plaatsen *93 three-room, 79 four-room,
55 five-room en 11 six-room dwellings and apartments, shops, car park for 55 cars*

Alvaro Siza Vieira
in samenwerking met *in collaboration with*
Geurst & Schulze Architekten
Hollandse huisjes *Dutch Houses*
Den Haag: Doedijn-, Jacob Cats- en Jan Steenstraat, Hoefkade
1989-1993

Het project is een montage van verschillende fragmenten. Het grote gesloten bouwblok met parkeergarage op het gemeenschappelijke binnenterrein bestaat uit etagewoningen aan Haagse portieken. De haak langs de Jacob Catsstraat en de Hoefkade herhaalt deze opzet. De korte strookjes haaks op de Catsstraat en de langere langs de Jan Steen- en Doedijnstraat bestaan uit brede woningen op de begane grond met daarop telkens twee maisonnettes. De kopgevels vormen een echo van Het Fort, het complex hofjeswoningen aan de andere zijde van het Jacob van Campenplein. De kopbebouwing tussen de Jan Steen- en Doedijnstraat heeft een winkelarcade met daarboven portiekwoningen. De eenheid in metselwerk en details bindt de fragmenten aaneen.

Jacob Catsstraat

Hoefkade/Jan Steenstraat

The project is a montage of disparate fragments. The huge perimeter block with a car park on the communal courtyard consists of flats accessed via typical Hague porches, a layout that is repeated in the L-shaped block on Jacob Catsstraat and Hoefkade. The short rows at right angles to Catsstraat and the longer ones along Jan Steenstraat and Doedijnstraat comprise wide ground floor apartments, each topped by two maisonettes. The head elevations are an echo of Het Fort, the group of traditional courtyard dwellings on the other side of Jacob van Campenplein. The head elevation between Jan Steenstraat and Doedijnstraat contains a shopping arcade with porch-access flats above. Homogeneous brickwork and detailing binds the fragments together.

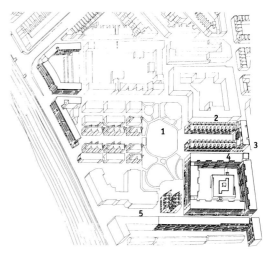

1. Jacob van Campenplein, 2. Jan Steenstraat, 3. Hoefkade,
4. Doedijnstraat, 5. Jacob Catsstraat

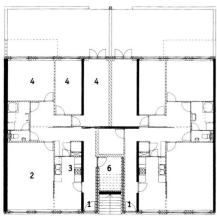

begane grond *ground floor*

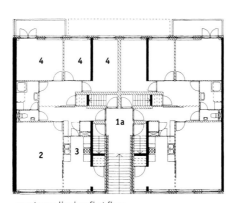

eerste verdieping *first floor*
(1a. entrees tot 6 bovenwoningen *entrances to 6 upper dwellings*)

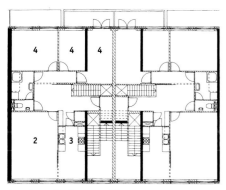

tweede verdieping *second floor*
Haags portiek met eigen opgang voor alle woningen
Hague-type porches provide separate stairs for every dwelling

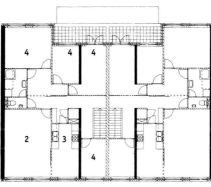

derde verdieping *third floor*

Projectarchitecten *Job Architects*: Sjoerd Soeters, Dana Ponec
Medewerkers *Contributors*: Ronno Stegeman, Sal Witsenhausen, May Kooreman, Claudia Linders, Cobien Heuff, Erik van Oenen, Daniel Schneider
Opdrachtgever *Commissioned by*: SFB/BPF-Bouw, Amsterdam
Aannemer *Contractor*: Bontenbal Bouw, Reeuwijk
Categorie *Sector*: huur *rental housing*
Differentiatie *Differentiation*: 151 woningen *151 dwellings*

Sjoerd Soeters Architecten
151 Woningen en 6 Zeeuwse meisjes
151 Dwellings and 6 Zeeland Girls
Amsterdam: Blankenbergsestraat (Nieuw-Sloten)
1992-1995

Het woonbuurtje vormt een overgangsgebied tussen het lineaire strokenpatroon van de wijk en een rand met losse elementen. De straten hebben alle dezelfde boogstraal, zodat met twee woningtypen het plan grotendeels ingevuld kon worden. De traditionele straten met een duidelijke scheiding tussen openbaar en privé lopen oost-west. Woningtype A (met zon op de straatgevel) heeft een woonkeuken met erker aan de straat. De zon kan zo tot diep in de iets lager gelegen woonkamer schijnen. Type B is geheel op de tuinkant georiënteerd. De kopwoningen aan de parkkant hebben een vide achter een groot 'parkvenster'. De kopwoningen aan de waterkant volgen op de begane grond de straatwand. De hogere verdiepingen zijn een kwart slag gedraaid en op het water georiënteerd. De aluminium 'oogkleppen' of 'Zeeuwse kappen' accentueren dit. De waterwoningen er tegenover herhalen deze hoofdvorm, maar bevatten totaal andere woningen.

1. woonstraat schaduwzijde *dark side of the street*, 2. koppen parkzijde *block ends park side*, 3. woonstraat zonzijde *sunny side of the street*, 4. koppen waterzijde *block ends water side*

1, 2

3

Amsterdam: invulling, Kerkstraat, 1990-1995 (l) *infill*; Zeewolde: appartementen en supermarkt, Horsterweg, 1990-1992 (m) *dwellings and supermarket*; Amsterdam: waterwoningen, Blankenbergsestraat (Nieuw-Sloten), 1992-1995 (r) *water side dwellings*

The neighbourhood forms a transitional zone between the linear row housing that characterizes the district as a whole and a fringe of seperate elements. The streets all have the same curvature so two dwelling types sufficed for most of the plan. The traditional streets, where there is a clear separation between public and private, run east-west. Dwelling type A (with sun on the street side) has an open kitchen with bay window on the street which allows the sun to penetrate deep into the slightly lower living room. Type B is wholly focused on the garden side. The dwellings at the end of the rows on the park side have a void behind a huge 'park window'. Those on the water side conform to the street front on the ground floor. The higher floors have been rotated 90° so that they face the water, an intervention accentuated by their aluminium 'blinkers', or 'Zeeland caps'. The waterside dwellings opposite sport the same headgear but it sits atop completely different dwellings.

1. Blankenbergsestraat

begane grond (l) *ground floor*, verdieping woningtype zonzijde (r) *floor dwelling type sunny side*

Projectarchitecten *Job Architects*: Roelf Steenhuis, Arthur Hilgersom
Medewerker *Contributor*: Peter Hersbach
Opdrachtgever *Commissioned by*: Woonstede, Ede
Aannemer *Contractor*: Grootel Midden, Maarsen
Categorie *Sector*: huur, koop *rental housing, owner-occupied housing*
Differentiatie *Differentiation*: 26 driekamerappartementen, 24 driekamer-seniorenwoningen,
wijkouderensteunpunt *26 three-room apartments, 24 three-room dwellings for the elderly,
communal centre for the elderly,*

Roelf Steenhuis Architekten
Kleine *Little* Siedlung
Ede: Parklaan, Verlengde Parkweg, Van der Hagenstraat
1993-1995

Het plan vormt de overgang van vooroorlogse kleinschalige laagbouw naar een grootschalige uitbreiding uit de jaren zestig. Twee appartementenblokken van drie en vijf lagen, en vier stroken van een laag moeten hiertussen bemiddelen. De appartementenblokken met vier woningen per laag worden elk in tweeën gedeeld door een centraal trappenhuis. De woningrijtjes zijn een verfijnde uitgave van de klassieke strokenbouw. Met verlengde tuinmuren, containerschermen en hagen worden openbaar en privé voldoende gescheiden, zonder de openheid van de strokenverkaveling op te geven. Een niveauverschil ten opzichte van de Verlengde Parkweg van zo'n halve meter versterkt het ruimtelijke karakter van dit buurtje.

Delft: woningen, Oosteinde, 1992-1995 (l) *dwellings*; Hoogvliet: woontorens, Park Vossendijk, 1991-1996 (r) *tower blocks*

The plan, comprising two apartment blocks of three and five levels and four single-storey rows, mediates between small-scale low-rise built before the war and a large-scale development built in the 1960s. The apartment blocks with four dwellings per level are divided in two by a central stairwell. The row houses are a refined version of classical open row housing. Extended garden walls, container screens and hedges provide adequate separation of public and private without sacrificing the openness of the open row layout. A difference in height of some half a metre compared with the Verlengde Parkweg reinforces the distinctive spatial character of this neighbourhood.

verdieping appartementengebouw *apartment building floor*

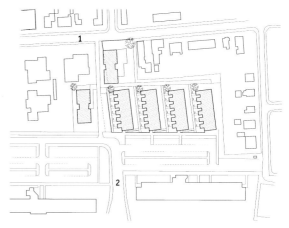

1. Verlengde Parkweg, 2. Van der Hagenstraat

langsdoorsnede *longitudinal section*

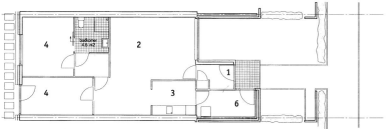

seniorenwoning laagbouw *dwellings for the elderly low-rise*

Projectarchitect *Job Architect*: Rudy Uytenhaak
Medewerker *Contributor*: Jasper Molenaar
Opdrachtgever *Commissioned by*: Woningstichting VZOS, Den Haag; Gemeente Den Haag; Woning-bouwvereniging 's-Gravenhage; Stedelijk Belang, Den Haag; Dienst Parkeerbeheer, Den Haag
Aannemer *Contractor*: Wilma Bouw, Den Haag
Categorie *Sector*: sociale huur *subsidized rental sector*
Differentiatie *Differentiation*: 14 twee-, 53 drie-, 37 vier- en 12 vijfkamerappartementen, 7 winkels, 2 parkeergarages met 11 plaatsen *14 two-room, 53 three-room, 37 four-room and 12 five-room apartments, 7 shops, 2 car parks for 11 cars*

Rudy Uytenhaak Architectenbureau
Hobbemastraat
Den Haag: Hobbema-, Breughel- en Van der Neerstraat
1992-1994

Dit plan moest de aanzet geven tot de vernieuwing en verbreding van de Hobbemastraat. Tevens zou het de regels vastleggen, die samenhang met de navolgende bouwplannen zouden moeten garanderen. Zo'n sturende werking heeft het plan echter niet gehad. De arcade beperkt de noodzakelijke verbreding van de straat.

De metafoor van de markt verklaart het architectonisch beeld: lichte constructies ten behoeve van het etaleren van waren. Het betonraster reduceert als een voile de leesbaarheid van de afzonderlijke woningen.

Voor de zijstraten is een variant op het negentiende-eeuwse beneden- en bovenhuis gemaakt, met tuin respectievelijk dakterras, waardoor verstorende balkons aan de straat overbodig zijn. Alle woningen hebben hun voordeur aan de straat.

Amsterdam: laagbouw in hoge dichtheid, Turnhoutplantsoen (Nieuw-Sloten), 1989-1992 (l) *high density low-rise*; Amsterdam: aansluiting op grachtenpanden, Weesperstraat, 1986-1992 (m) *linking up with canal houses*; Zaanstad: pier- en kadewoningen, Zaaneiland, 1993-1996 (r) *jetty and quay dwellings*

This plan was supposed to initiate the rejuvenation and widening of Hobbemastraat while at the same time establishing the ground rules for a coherent future development. In the event the plan failed to act as a guiding force. The arcade restricts the necessary widening of the street.

The architectural appearance is explained by the metaphor of the market: light structures for the display of merchandise. The concrete screen acts as a veil, reducing the legibility of the individual dwellings.

The side streets contain a variation on the nineteenth-century downstairs and upstairs dwelling with garden or roof-terrace respectively, thus removing the necessity for disruptive balconies on the street side. All the dwellings are accessed via a street door.

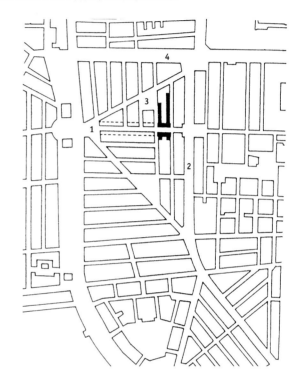

1. Hobbemastraat, 2. Vaillantlaan, 3. Van der Neerstraat, 4. Delftselaan

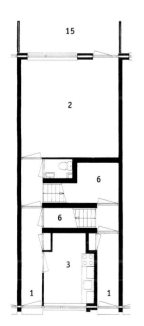
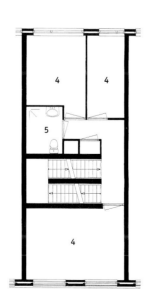
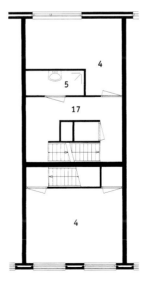
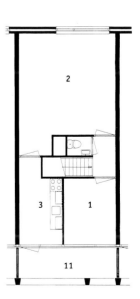

begane grond *ground floor*
boven- en benedenwoning
upstairs and downstairs dwelling

eerste verdieping *first floor*

tweede verdieping *second floor*

derde verdieping *third floor*

Projectarchitecten *Job Architects*: Charles Vandenhove, Prudent de Wispelaere
Medewerker *Contributors*: T.Bruyr, L-W. Chen, M. Delairesse, N. Ghizzardi, V. Goor, A. Hinant,
A-M. Lannoy, S. Ritzen, F. Sequaris, R. van Kerckhove, A-P. Villela
Opdrachtgever *Commissioned by*: Woningbouwvereniging Maasvallei, Maastricht; Wilma
Vastgoed; Gemeente Maastricht
Aannemer *Contractor*: Wilma Bouw, Weert
Categorie *Sector*: 45 sociale huur, 48 koop *45 subsidized rental sector, 48 owner-occupied housing*
Differentiatie *Differentiation*: 16 tweekamer-, 39 driekamer- en 8 vierkamerappartementen,
30 vierkamerwoningen *16 two-room, 39 three-room and 8 four-room apartments, 30 four-room
dwellings*

Charles Vandenhove et Associés, Architectes

Hoogfrankrijk

Maastricht: Capucijnenstraat, Charles Vos Cour, Herbenusstraat
1989-1993

Aan de rand van de middeleeuwse stad werd Maastricht verrijkt met een
reeks openbare ruimten. Op het ruime binnenterrein van een gesloten
woonbebouwing is nieuwbouw gecreëerd rond een gedifferentieerd
voetgangersgebied. Een poortgebouw aan de Capucijnenstraat vormt de
hoofdentree tot een pleintje dat overgaat in een hellende straat. Hieraan
liggen koopwoningen in drie en vier lagen. Een woontoren van zeven lagen
sluit de straat af. De naastgelegen poort leidt naar een rechthoekig plein
met aan twee zijden gestapelde maisonnettes, ontsloten door een galerij.
De derde zijde wordt gevormd door koopwoningen in drie lagen. Poorten
verbinden het plein met de Herbenusstraat en Hoogfrankrijk.

Het hellende terrein is grotendeels onderkelderd met een parkeergarage. Niettegenstaande de atypische ronde zinken kappen en herkenbare
Vandenhove-detaillering voegt het complex zich vanzelfsprekend in de
vroeg twintigste-eeuwse context.

Amsterdam: 'Tettergat'-flat, Da Costakade, 1991-1994 (l) *infill*; Amsterdam: De Liefde wooncomplex tussen Da Costakade en Bilderdijkstraat, 1989-1992 (r) *housing complex*

On the edge of its medieval town centre, Maastricht has been enriched with a series of public spaces. New housing, clustered around a differentiated pedestrian precinct, has risen on a substantial site on the inside of a perimeter block. A 'gate-house' on Capucijnenstraat forms the main entrance to a small square which turns into a sloping street lined with three- and four-storey owner-occupied dwellings. The street ends in a seven-storey tower block. The adjacent gateway leads to a rectangular plaza with stacked, gallery-access maisonettes on two sides. The third side is formed by three-storey owner-occupied houses. Gateways connect the plaza with Herbenus-straat and Hoogfrankrijk.

An underground car park extends below the greater part of the sloping site. Notwithstanding the atypical zinc roofs and familiar Vandenhove detailing, the complex blends naturally with its early twentieth-century context.

langsdoorsnede hellende straat *longitudinal section sloping street*

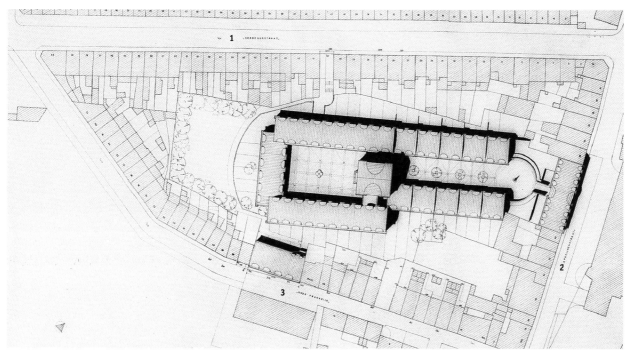

1. Herbenusstraat, 2. Capucijnenstraat, 3. Hoogfrankrijk

Projectarchitect *Job Architect*: Hans Wagner
Medewerkers *Contributors*: Gert Jan Knevel, Ben Elkhuizen, Eric van Boort
Opdrachtgevers *Commissioned by*: Stadsdeel Zeeburg, Amsterdam; Huib Bakker Bouw, Heemstede
Aannemer *Contractor*: Higler Huib Bakker Bouwassociatie, Soest/Heemstede
Categorie *Sector*: 1 koop, 37 sociale koop *1 owner-occupied housing, 37 subsidized owner-occupied sector*
Differentiatie *Differentiation*: 19 drie- en 18 vierkamerappartementen, basisschool *19 three-room and 18 four-room apartments, primary school*

Architektenburo Hans Wagner
Flevoparkblok
Amsterdam: Java- en Boetonstraat
1992-1995

Het project completeert de kop van een gesloten bouwblok, dat aan een pleintje en een parkje ligt. Een school benut de onderste twee lagen. Daarboven wordt het volume aangevuld met woningbouw in drie lagen. Dit woningblok met strakke gevels en zwierige balkons rust aan de straatzijde op betonnen kolommen. Galerijen aan de achterzijde geven toegang tot de woningen. Woonkamer en keuken liggen langs de straatgevel, de slaapvertrekken in de luwte daarachter. Een opgetilde woontoren van negen lagen staat in de hoek van het blok waar park en pleintje elkaar ontmoeten. De toren markeert de bebouwingsgrens van het stadsdeel; voorbij dit punt komt men bij het IJ en de Schellingwouderbruggen. In vorm, kleur en oriëntatie maakt de toren zich los van het bouwblok en richt zich naar de zon. De verwijdende plattegrond en het inpandige balkon zijn op het zuiden gericht.

The project completes the head elevation of a perimeter block that is adjacent to a square and a park. The lower two floors are occupied by a school, the three upper floors contain apartments. On the street side this apartment block of taut façades and elegant balconies rests on concrete columns. The apartments are reached from access galleries at the rear. The living room and kitchen face the street, the bedrooms shelter behind them. At the corner of the block, where park and square meet, stands a raised tower block of nine storeys. It marks the limit of construction in this quarter; beyond it are the IJ river and the Schellingwoude bridges. In form, colour and orientation the tower dissociates itself from the block and addresses itself to the sun. The widening floor plan and the internal balcony face southwards.

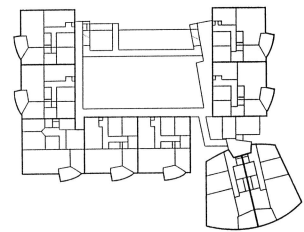

eerste woonlaag toren en woningblok *first floor, tower and apartment block*

standaardverdieping toren *standard floor tower block*

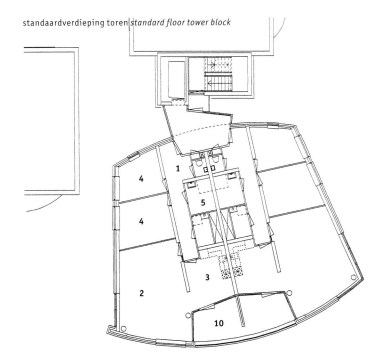

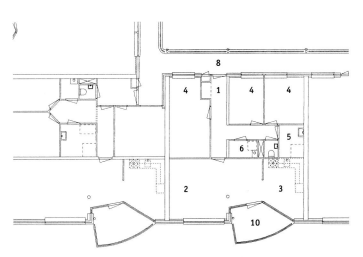

twee appartementen in woningblok *two apartments in apartment block*

Projectarchitecten *Job Architects*: Frank en Paul Wintermans
Medewerkers *Contributors*: Hans Vesseur, Bertus Kock, Marloes van Houten
Opdrachtgever *Commissioned by*: BAM Vastgoed Ontwikkeling, Deventer
Aannemer *Contractor*: Vermeulen Urbie Bouw, Leeuwarden
Categorie *Sector*: 6 koop, 7 premiekoop, *6 owner-occupied housing, 7 state-subsidized owner-occupied housing*
Differentiatie *Differentiation*: 13 vijfkamerwoningen *13 five-room dwellings*

Wintermans Architekten
Stadswoningen *Town Houses*
Groningen: Rijtemakersrijge, Schuitemakersstraat
1990-1994

Het inmiddels tot Quist Wintermans Architekten gefuseerde bureau Wintermans ontwierp op een wigvormig terrein in de Groningse binnenstad twee rijen stadswoningen. De traditioneel opgezette woningen zijn individueel op de straat georiënteerd. Naast aandacht voor de privacy in de nauwe binnenstadscondities, is gepoogd het nabije stadswater en de binnenstad als geheel voelbaar te maken in de woningen, met onder andere dakterrassen op de derde verdieping. In de grafiek van de gevel, het seriële karakter van vlakken en openingen, 'verraadt' het project de tijd van ontstaan. De materialen zijn sprekend opgevoerd: de donkerrode baksteen staat voor omhullen en beschermen, het lichtgrijze pleisterwerk 'voor de zachte bekleding binnen het privaat domein'. Zoals karakteristiek voor dit type is er een grote vrijheid in het gebruik van de ruimten, met 'wisselkamers' op de begane grond en de derde verdieping.

Rijtemakersrijge

Schuitemakersstraat

Amsterdam: appartementen, KNSM-laan, 1990-1994 *apartments*

Wintermans (now Quist Wintermans Architecten) designed two rows of town houses on a wedge-shaped site in the centre of Groningen. The traditionally organized dwellings all have their own street door. Apart from paying attention to the need for privacy in the close inner-city situation, the roof gardens on the third floor are evidence of an attempt to give the nearby water feature and the city centre as a whole a tangible presence in the dwellings. In the graphics of the façade the serial nature of the planes and openings 'betrays' the period in which the project was conceived. The materials are presented expressively: the dark red brick stands for envelopment and protection, the light grey plasterwork 'for the soft coverings inside the private domain'. As is usual with this type of dwelling, there is considerable latitude in how the rooms are used with 'discretionary rooms' on the ground and third floors.

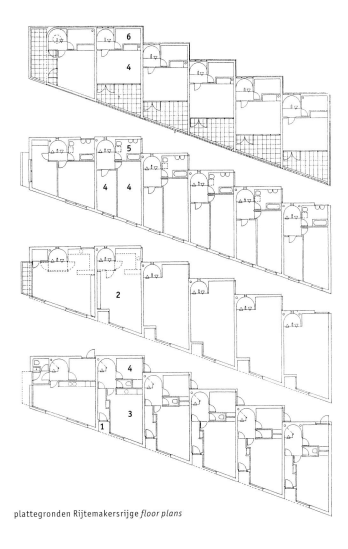

plattegronden Rijtemakersrijge *floor plans*

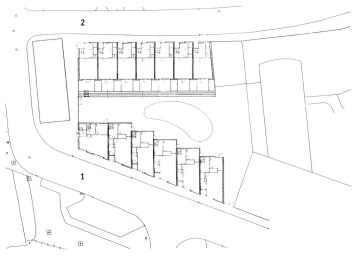

1. Rijtemakersrijge, 2. Schuitemakersstraat

Projectarchitect *Job Architect*: Liesbeth van der Pol
Medewerker *Contributor*: Martin Lette
Opdrachtgever *Commissioned by*: Wilma Bouw, Zwolle
Aannemer *Contractor*: Wilma Bouw, Zwolle
Categorie *Sector*: koop *owner-occupied housing*
Differentiatie *Differentiation*: 28 vierkamerwoningen *28 four-room dwellings*

Atelier Zeinstra, Van der Pol
IJsselwoningen
Zwolle: Backer- en Coreemarke
1992-1996

Een associatieve benadering van de locatie leidde tot een reeks torentjes aan de rand van de stad, 'verlaten bakens die opnieuw in gebruik zijn genomen'. Iedere toren bestaat uit twee eengezinswoningen met drie lagen en twee gestapelde woningen van twee lagen elk. De bovenste twee lagen zijn in houtskeletbouw uitgevoerd, rustend op een stalen ring, die door betonnen steunberen overeind wordt gehouden.

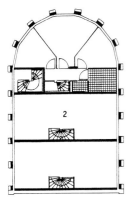
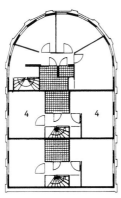
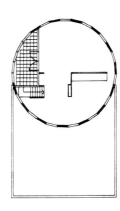

Amsterdam: stadsvernieuwing, Pieter Vlaming- en Pontanusstraat, 1989-1991 (l, m) *urban renewal*
Amsterdam: trommelwoningen, Couhornenhoek (Twiske-West), 1991-1993 (r) *drum dwellings*

An associative approach to the location has led to a series of small towers on the edge of the city: 'deserted beacons that have been recycled'. Each tower consists of two single-family dwellings over three levels and two stacked dwellings of two storeys each. The two top floors are timber-framed and rest on a steel ring held upright by concrete abutments.

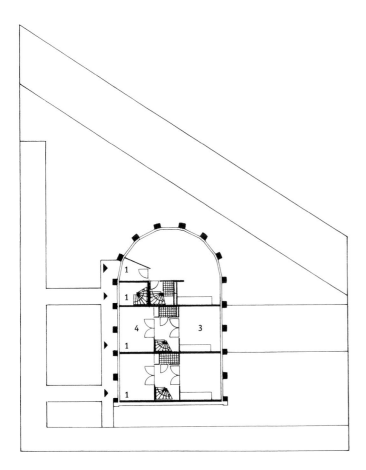

plattegronden *floor plans*

158

Legenda *Legend*

Voor de woningplattegronden is een uniforme legenda toegepast *The following legend has been used for all the floor plans in this book*

1	entree *entrance*	10	balkon *balcony*
2	woonkamer *living room*	11	dakterras *roof terrace*
3	keuken *kitchen*	12	garage
4	(slaap)kamer *(bed)room*	13	carport
5	badkamer *bathroom*	14	inrit *drive*
6	berging *storage*	15	tuin *garden*
7	corridor	16	patio
8	galerij *gallery*	17	overloop *landing*
9	vide *void*		

Plaatsnamenregister *Index of Place-Names*

Plaatsnamenregister op de catalogus van werken *Index of place-names appearing in the catalogue of works*

Van ieder werk is de voornaamste straatnaam opgenomen. Alleen als het werk uit verschillende delen bestaat, zijn er meerdere straten vermeld. Gedocumenteerde werken hebben een vetgedrukt paginanummer, magere nummers verwijzen naar pasfoto's. *Unless a work consists of several sections, only the most important street is mentioned in the project description. Numbers in bold refer to the documented works, light numbers to the 'passport photos'.*

Illustratieverantwoording *Credits of the Illustrations*

Wout Berger p. 145 (pm)
Arthur Blonk p. 50, 74, 75, 78, 102, 103, 105 (pr), 146, 154
Jaap Bongers p. 92
Anne Bousema p. 114, 115
Jan Derwig p. 52, 81 (pl), 98, 99, 120, 121, 152, 155
Studio Van Dusseldorp p. 64
Babet Galis p. 86
Sjaak Henselmans p. 100 (tl, tr, br), 101, 136 (bl, br)
J. Hogan p. 105 (pm)
Bastiaan Ingen Housz p. 81 (pm, pr)
Fas Keuzekamp p. 128, 130, 131
Rik Kleingotink p. 54
Luuk Kramer p. 156, 157 (pr)
Paul van Loenen p. 141
Rob van Loon p. 100 (bl)
René Malherbe p. 51, 104, 105 (pl)
Cary Markerink p. 66
Bjarne Mastenbroek p. 54
Norbert van Onna p. 82, 83 (b, pl), 108, 109
Michel Palarczyk p. 93 (p)
Jeroen van Putten p. 94, 95

Christian Richters p. 116
Piet Rook p. 90, 91 (b, pr), 142, 147 (pr)
Peter de Ruig p. 68, 76, 77, 136 (t), 137 (pr)
Scagliola/Brakkee p. 58, 70, 71, 72, 73, 118, 119
Rob Suermondt p. 137 (pl)
René van Veen p. 139
Rob Versluys p. 151 (pl)
Ger van der Vlugt p. 53, 56, 59, 61 (pm, pr), 62, 67, 71 (p), 80, 83 (pr), 84, 88, 89, 91 (pl), 96, 97, 106, 107, 109 (p), 110, 111, 112, 113, 117, 124, 125, 126, 137 (pm), 138, 144, 145 (b, plr), 147 (pl), 149, 157 (pl, pm)
Hans Werleman p. 132, 134, 135
René de Wit p. 122, 148
Kim Zwarts p. 60, 61 (pl), 127, 140, 150, 151 (pr)

l = links *left*
m = midden *middle*
r = rechts *right*
t = boven *top*
b = onder *bottom*
p = pasfoto *'passport photo'*
p. = bladzijde *page*

Colofon *Colophon*

Deze uitgave kwam mede tot stand dankzij een bijdrage van het Stimulerings-
fonds voor Architectuur, Rotterdam *This publication was made possible through
the support of the Netherlands Fund for Architecture, Rotterdam*

Concept en redactie *Concept and editing*: Ruud Brouwers, Hans Ibelings,
Arjen Oosterman, Ton Verstegen
Vertaling *Translation*: Robyn de Jong-Dalziel
Beeldredactie *Visual materials*: Marijke Kuper, Arjen Oosterman
Grafische vormgeving *Graphic design*: Joseph Plateau, Amsterdam
Productie *Production*: Astrid Vorstermans, Solange de Boer
Uitgever *Publisher*: Simon Franke
Druk *Printing*: Snoeck Ducaju & Zn., Gent *Ghent*